Das Aquarium

faszinierend & pflegeleicht

> Autor: Peter Stadelmann | Fotos verschiedener Tierfotografen

Inhalt

Kennenlern-Programm

Fit-und-gesund-Programm

Eingewöhnungs-Programm

Gestaltungs-Programm

Anhang

➤ **GU Serviceseiten**

Kennenlern-Programm

Warum ein Aquarium?

Haben Sie schon mal Kinder beobachtet, wie sie staunend vor einem Aquarium stehen, die Hände links und rechts an der Scheibe, den Kopf möglichst nahe dran?
Schon früh fühlt sich der Mensch zu Fischen hingezogen. Im Aquarium schaut ein großer Goldfisch das Baby an, das wiederum die Atembewegungen der Kiemen mit dem Mund nachahmt. Das Kind fühlt sich wohl, wird ruhig, folgt den Schwimmbewegungen mit dem Kopf und dann mit dem ganzen Oberkörper. Begegnungen dieser Art prägen einen Menschen oft für das ganze spätere Leben und so ist es möglicherweise auch zu erklären, dass viele Menschen später den Wunsch verspüren, sich zu Hause eine eigene tropische Unterwasserwelt einzurichten.

Beim Lachsroten Regenbogenfisch zeigt meist nur ein dominantes Männchen die volle Farbenpracht.

Zierfischhaltung früher und heute

In China wurden spätestens seit der Song-Dynastie (970 bis 1279 v.Chr.) Goldfische in Keramik- und Glasgefäßen gepflegt, denn goldene Fische verhießen Kriegsglück. In Europa begann die eigentliche Aquaristik dagegen erst, als die schnelleren Dampfschiffe Ende des 19. Jahrhunderts die ersten tropischen Zierfische aus Übersee mitbrachten.
Seither ist die Zahl der im Handel angebotenen Zierfische um ein Vielfaches gestiegen, sodass die Auswahl heute fast unüberschaubar geworden ist. Glücklicherweise werden die meisten von ihnen inzwischen aber nicht mehr der Natur entnommen, sondern in speziellen Zuchtbetrieben herangezogen. Echte Neuheiten sind nach wie vor selten, jedoch werden immer wieder Gold- und langflossige Varietäten beliebter Aquarienfische herangezüchtet. In der Natur hätten sie keine Chance, aber sie können unsere Aquarien bereichern.

Welcher Aquarientyp ist der richtige für mich?

Je nach Geschmack und Interesse kann man sein Aquarium auf recht unterschiedliche Weise einrichten. Im Wohnbereich ist das Gesellschaftsaquarium mit üppigem Pflanzenwuchs und zahlreichen farbenprächtigen Fischen sicher der Aquarientyp, der am häufigsten anzutreffen ist.

Gesellschaftsaquarien

In einem Gesellschaftsaquarium lassen sich unterschiedliche Fische mit ähnlichen Ansprüchen an die Wasserqualität und Temperatur halten. Bei der Auswahl steht zumeist die Farbe und das Aussehen der Tiere im Vordergrund, während die geografische Herkunft unberücksichtigt bleibt. Daher werden in einem solchen Aquarium also südamerikanische wie auch asiatische oder afrikanische Arten zusammen gehalten.

Biotopaquarien

Etwas anspruchsvoller ist das Biotopaquarium, in dem man versucht, einen kleinen Abschnitt eines natürlichen Lebensraumes möglichst genau und naturnah nachzustellen. In einem solchen Aquarium leben Fische zusammen, wie man sie auch in einem natürlichen Gewässer finden könnte. Außerdem wird das Aquarium möglichst mit Pflanzen aus dem angestammten Lebensraum der Zierfische ausgestattet und man kann versuchen – neben Wasserqualität und Temperatur –, auch andere Besonderheiten der Gewässer zu berücksichtigen, etwa durch die Dekoration und die Wahl des geeigneten Bodengrundes. Vergleichsweise selten sind dagegen Artenaquarien, in denen nur Fische einer Art gehalten werden. Gleiches gilt – wegen der inzwischen verschärften Naturschutzgesetze – auch für Heimataquarien, in denen einheimische Fische und andere kleinere Wassertiere gepflegt werden.

Passt ein Aquarium zu mir?

	Ja	Nein
1. Möchten Sie Tiere halten, denen Sie eine relativ naturnahe Umgebung bieten können?	☐	☐
2. Suchen Sie einen attraktiven Blickfang für Ihre Wohnung?	☐	☐
3. Wären Sie bereit, das Rauchen einzuschränken um die Gesundheit Ihrer Heimtiere nicht zu gefährden?	☐	☐
4. Sind Sie auf der Suche nach Tieren, die so viel Ruhe ausstrahlen, dass Sie bei der Beobachtung den Alltagsstress vergessen können?	☐	☐
5. Interessieren Sie sich für das natürliche Verhalten von Tieren und möchten Sie dieses möglichst aus der Nähe beobachten?	☐	☐
6. Haben Sie eine Allergie, die sich durch Tierhaare eventuell verschlimmern könnte?	☐	☐

6 mal Ja: Sie sind der geborene Aquarianer.
3- bis 5-mal Ja: Sie werden an einem Aquarium zweifellos Ihre Freude haben.
0- bis 2-mal Ja: Sie sollten sich die Anschaffung eines Aquariums noch einmal genau überlegen. Vielleicht ist ein anderes Heimtier für Sie besser geeignet.

Aquarienfische im Überblick

Die überwiegende Mehrzahl der in unseren Aquarien lebenden tropischen Zierfische lässt sich einigen wenigen Gruppen zuordnen, die auf den folgenden Seiten kurz vorgestellt werden.

Lebendgebärende Zahnkarpfen

Die lebendgebärenden Zahnkarpfen, zu denen der beliebte Guppy (*Lebistes reticulatus*) gehört, haben eine für Fische recht ungewöhnliche, aber äußerst erfolgreiche Form der Fortpflanzung entwickelt, denn bei ihnen erfolgt die gesamte Entwicklung der Nachkommen vom Ei bis zum fertigen Jungfisch geschützt im Mutterleib. Während der Geburt platzt die Eihülle und die Jungfische gelangen ins Freie. Bis die Jungen frei schwimmen, kann es allerdings noch einige Stunden dauern. Daher ist eine dichte Bepflanzung für ihr Überleben notwendig.

Beim Purpurprachtbarsch ist das Weibchen am roten Bauchfleck leicht vom Männchen zu unterscheiden.

Labyrinthfische

Die Kampf- und Fadenfische sind aufgrund ihrer Farbenpracht die bekanntesten Vertreter aus dieser Gruppe. Um sich in ihren oft trüben Heimatgewässern orientieren zu können, sind bei manchen die Brustflossen zu Tastorganen umgewandelt. Außerdem haben sie ein zusätzliches Atemorgan ausgebildet, das so genannte Labyrinth, mit dessen Hilfe sie der Luft, die sie an der Wasseroberfläche einatmen, Sauerstoff entziehen und so auch lebensfeindlichere Biotope besiedeln können. Man findet diese Fische häufig in überfluteten Reisfeldern, wo das Wasser manchmal so stark aufgeheizt ist, dass es nur noch einen geringen Sauerstoffgehalt aufweist. Besonders interessant zu beobachten sind auch die Schaumnester an der Wasseroberfläche. Sie werden meistens vom Männchen

Beim Zebrabärbling sind die Männchen an den gelben Streifen zu erkennen, während die Streifen beim Weibchen weiß sind.

gebaut und nach der Eiablage auch betreut und bewacht.

Karpfenfische

Die bekanntesten Aquarienfische aus dieser artenreichen Gruppe sind sicher die zumeist pflegeleichten Barben und Bärblinge. Sie verdanken ihren Namen den kurzen Bartfäden am Maul, mit denen sie am Boden nach Nahrung suchen. Zur gleichen Familie gehören die farbenprächtige Prachtschmerle (*Botia macracanthus*) und die Siamesische Rüsselbarbe (*Crossocheilus siamensis*). Von den Rüsselbarben sollten Sie stets nur ein Exemplar oder aber mehrere halten, jedoch auf gar keinen Fall zwei Tiere! Der Feuerschwanz (*Epalzeorhynchus bicolor*) ist ein Einzelgänger, während der nah verwandte Fransenlipper (*Epalzeorhynchus frenatus*) auch im Schwarm gehalten werden kann. Allerdings darf man niemals beide Arten zusammen in einem Aquarium pflegen.
Dornaugen (*Pangio kuhlii*) sind besonders bei Kindern sehr beliebt. Sie sehen aus wie kleine Wasserschlangen und sind recht unproblematische Pfleglinge.

Salmler

Die meisten Salmler stammen aus Südamerika; einige Arten, darunter der Kongosalmler (*Phenacogrammus interruptus*), stammen aber auch aus Afrika. Der wohl bekannteste Salmler ist der Rote Neon (*Paracheirodon axelrodi*). Wie nahezu alle Fische aus dieser Gruppe kommen die Tiere in einem Schwarm mit Artgenossen am besten zur Geltung. Dabei wirken große Neonschwärme spektakulär, besonders in Verbindung mit Rotkopfsalmlern (*Hemigrammus bleheri*). Man kann aber auch mehrere Schwärme unterschiedlicher Salmler-Arten einsetzen, die sich dann – wie in der Natur – manchmal zu einem gemeinsamen Schwarm zusammenfinden.

TIPP

Haltung von Labyrinthfischen

- Labyrinthfische müssen immer freien Zugang zur Wasseroberfläche haben, weil sie sonst ersticken.
- Setzen Sie niemals zwei Männchen des Siamesischen Kampffisches in ein gemeinsames Becken! Sie würden sich sonst bis zum Tode bekämpfen.
- Sorgen Sie für Schwimmpflanzen an der Wasseroberfläche, denn daran befestigen Labyrinthfische gern ihr Schaumnest.
- Stellen Sie den Filterauslauf so ein, dass der austretende Wasserstrahl die empfindlichen Schaumnester nicht zerstört.

Buntbarsche

Die zumeist räuberisch lebenden Buntbarsche besiedeln die unterschiedlichsten Gewässer. Viele Arten bilden Reviere, die sie vehement gegen Eindringlinge verteidigen. Fische, die sich an die »Regeln« halten und dem besetzten Territorium fern bleiben, können allerdings friedlich mit den Barschen zusammenleben.
Interessante Möglichkeiten zur Beobachtung bietet auch das Fortpflanzungsverhalten der Buntbarsche, von denen viele eine intensive Brutpflege betreiben. So fächeln sie ihren Eiern mit den Flossen regelmäßig frisches Wasser zu und die meisten verteidigen mit Mut und Geschick ihr Gelege selbst gegen sehr viel größere Fische.
Recht ungewöhnlich ist die Brutpflege beim Kleinen Maulbrüter (*Pseudocrenilabrus multicolor*), bei dem das Weibchen die befruchteten Eier ins Maul nimmt und dort so lange hütet, bis die Jungtiere geschlüpft sind. In dieser Zeit frisst die Mutter nicht und selbst wenn die Jungfische schon frei umherschwimmen, können sie bei einer drohenden Gefahr jederzeit wieder im Maul des Weibchens Zuflucht suchen.

Beilbauchfische springen gern. Sorgen Sie daher für eine dichte Abdeckung.

Welse

Welse leben häufig in bodennahen Bereichen mit schlammigem Untergrund und geringem Sauerstoffgehalt. Daher haben viele von ihnen neben der Kiemen- und der Hautatmung auch eine Darmatmung entwickelt. Wie die Barben haben sie Barteln, mit denen sie den Boden nach Fressbarem abtasten.
Die zur großen Gattung *Corydoras* gehörenden Arten sind die beliebtesten Welse in unseren Aquarien. Ein Beispiel ist der kleine Pandapanzerwels (*Corydoras panda*), der friedlich und leicht zu pflegen ist. Gleiches gilt auch für den gern als Algenfresser gehaltenen Blauen Antennenwels (*Ancistrus dolichopterus*) aus der Familie der Harnischwelse oder seinen »kleinen Bruder«, den Zwergharnischwels (*Otocinclus affinis*). Andere Welsarten – etwa der Indische Glaswels (*Kryptopterus minor*) – leben nicht am Boden, sondern in kleinen Schwärmen in mittleren Beckenregionen.

Regenbogenfische

Vor allem wegen ihrer herrlichen Farben werden Regenbogenfische bei den Aquarianern in jüngster Zeit immer beliebter. Die Tiere bevorzugen geräumige Aquarien mit viel freiem Schwimmraum. Bekanntere Arten sind Boesemans Regenbogenfisch (*Melanotaenia boesemani*) oder auch der Lachsrote Regenbogenfisch (*Glossolepis incisus*). Meist ist nur ein dominantes Männchen vollständig ausgefärbt.

Fischarten für ein Gesellschaftsaquarium

Name	Temperatur, pH-Wert, Härte	Größe, Verhalten und Pflege
Diskusbuntbarsch → S. 14, 48	26–30 °C; pH 6,5; –15 °dH	20 cm; friedlich; mittel
Guppy → S. 13, 44	18–28 °C; pH 7,0–8,5; 4–30 °dH	3–6 cm; friedlich; leicht
Indischer Glaswels → S. 43	22–26 °C; pH 6,2–7,0; 5–16 °dH	8 cm; Schwarmfisch; mittel
Keilfleckbärbling → S. 3, 26	22–25 °C; pH 6,0–6,5; –10 °dH	4,5 cm; Schwarmfisch; leicht
Lachsroter Regenbogenfisch → S. 6	22–26 °C; pH 7,0–8,0; –15 °dH	15 cm; Schwarmfisch; mittel
Panzerwelse → S. 17, 41	22–26 °C; pH 6,2–7,8; 4–25 °dH	3–9 cm; friedlich; leicht
Platy → S. U2, 16, 36, 42	18–26 °C; pH 7,0–8,0; 8–35 °dH	6 cm; friedlich; leicht
Prachtschmerle → S. 46	25–30 °C; pH 6,0–6,5; –12 °dH	16 cm; Schwarmfisch; mittel
Purpurprachtbarsch → S. 8, 57	24–25 °C; pH 7,0; –12 °dH	10 cm; revierbildend; leicht
Roter Neon → S. 12	23–27 °C; pH 5,5–7,0; –10 °dH	4,5 cm; Schwarmfisch; leicht
Roter Zwergfadenfisch → S. 28, 52	22–28 °C; pH 6,5–7,5; –15 °dH	5 cm; friedlich; mittel
Rotkopfsalmler → S. 34	22–26 °C; pH 6,0–7,0; –10 °dH	5 cm; Schwarmfisch; mittel
Schlusslichtsalmler → S. 25	24–28 °C; pH 6,5–7,5; –25 °dH	5 cm; Schwarmfisch; leicht
Schmetterlingsbuntbarsch → S. 4	22–26 °C; pH 7,0; –10 °dH	7 cm; friedlich; mittel
Schrägschwimmer → S. 13	22–28 °C; pH 5,5–7,5; –20 °dH	7,5 cm; Schwarmfisch; mittel
Schwertträger → S. 13, 50	18–28 °C; pH 7,0–8,0; 8–35 °dH	10–12 cm; friedlich; leicht
Siamesischer Kampffisch → S. 2, 22	24–29 °C; pH 6,0–8,0; –25 °dH	6 cm; Männchen aggressiv; leicht
Skalar → S. 29	24–28 °C; pH 6,5–7,5; –10 °dH	15 cm; friedlich; leicht
Sternflecksalmler → S. 54	24–28 °C; pH 6,8–7,2; –35 °dH	4,5 cm, friedlich; leicht
Sumatrabarbe → S. 13, 53	20–26 °C; pH 6,5–7,5; –12 °dH	7 cm; Schwarmfisch; leicht
Zebrabärbling → S. 9	18–24 °C; pH 7,0; –12 °dH	6 cm; Schwarmfisch; leicht
Zebraharnischwels → S. 30	22–27 °C; pH 6,4–7,0; 5–12 °dH	7 cm; friedlich; mittel

Aquarienfische im Porträt

Durch neue Züchtungen wächst die Zahl der Aquarienfische ständig weiter. Das Angebot ist heute fast unüberschaubar geworden und die richtige Wahl will gut bedacht sein.

Das Männchen des Blauen Zwergfadenfisches, kenntlich an der spitz zulaufenden Rückenflosse, ist es gewohnt, sich vorsichtig tastend zu bewegen. Wie alle Labyrinthfische muss auch diese Art Luft an der Wasseroberfläche atmen können.

Der Rote Neon zieht im Schwarm durch das Gesellschaftsbecken. Für Feinde ist es dadurch schwer, sich einen einzelnen Fisch herauszupicken.

Der beliebte Guppy wurde in Malaria-Sümpfen erfolgreich ausgewildert, um Stechmücken zu vernichten.

Der friedliche Kakadu-Zwergbuntbarsch ist auch für kleinere Becken gut geeignet. Er braucht aber Platz für ein eigenes Revier.

Die moosgrünen Sumatrabarben fressen lästige Bartalgen, belästigen aber auch häufig langflossige Arten, weil sie gern zupfen.

Der Schrägschwimmer ist friedlich, pflegeleicht und braucht wenig Platz. Meist steht er ruhig im Schwarm unter großen Blättern.

Der Schwertträger ist trotz seines Namens ein friedlicher Fisch. Bei der Balz um ein Weibchen schwimmt er oft pfeilschnell rückwärts.

Becken und Filter

Becken

Ob quadratisch, rechteckig oder als Eckaquarium mit gebogener Frontscheibe – fast alle denkbaren Formen kann man heute problemlos herstellen, auch wenn rechteckige Aquarien nach wie vor am weitesten verbreitet sind,

Die hübschen Diskusbuntbarsche brauchen ein geräumiges Becken.

denn sie lassen sich besonders preisgünstig anfertigen. Beliebte Aquariengrößen:

➤ das 60 x 30 x 30 cm große Einsteigeraquarium mit einem Fassungsvermögen von rund 54 Litern. Solche Becken werden oft als Sets zusammen mit Beleuchtung, Filter und Heizer im Zoofachhandel angeboten.

➤ Aquarien mit 80, 100 oder 120 cm Länge und einem Fassungsvermögen zwischen 110 und 240 Litern. Sie brauchen den richtigen Stellplatz, um gut zur Geltung zu kommen. Außerdem ist ein stabiler Unterbau wichtig. Moderne Fertigungstechniken lassen aber auch Panoramaaquarien immer beliebter werden. Diese haben abgeschrägte Ecken, die einen besseren Einblick aus unterschiedlichen Blickwinkeln ermöglichen. Die fünfeckigen Delta-Aquarien sind eigentlich Würfel, bei denen eine Ecke abgeschrägt ist. So passen sie beispielsweise anstelle eines Tisches genau in die Ecke zwischen der Sitzgarnitur. Aber auch gebogene Frontscheiben sind heute dank besonderer Verfahren möglich. Darüber hinaus kann man sich alle Wunschgrößen und -formen anfertigen lassen, wobei der Preis dann allerdings höher liegt.

Filter

Aquarienfilter sollen zunächst einmal für sauberes Wasser im Aquarium sorgen, indem sie Schmutzpartikel wie ein Sieb zurückhalten.

TIPP

Das richtige Becken

➤ Kinder sollen das Aquarium mit einem Blick überschauen können. Daher ist ein Einsteiger-Set mit einem 60-cm-Becken für diese Zielgruppe gerade richtig.

➤ Neueinsteigern unter den Erwachsenen empfehle ich Becken von 80 cm Länge. Mit den Tipps von Seite 50 ist es leicht zu pflegen.

➤ Steht mehr Platz zur Verfügung? Der Zoofachhandel bietet Aquarien von 120 cm Länge und mehr in unterschiedlichster Form an. Damit lässt sich auch gut ein Raumteiler gestalten.

In einem gut bepflanzten Gesellschaftsaquarium können Fische aus den unterschiedlichsten Herkunftsländern leben.

Mechanische Filterung: Als Material für diese mechanische Filterung können alle grobporigen Filtermedien wie biologisches Filtersubstrat, grober Schaumstoff oder Keramikröllchen dienen, die später von Bakterien besiedelt werden (→ unten). Filterwatte, die im Dauerbetrieb viel zu schnell verschmutzt, ist nur für einen kurzzeitigen Gebrauch geeignet.

Biologische Filterung: Bei der biologischen Filterung sorgen Bakterien, die sich im Filter ansiedeln, für den Abbau giftiger Substanzen, etwa von Ammoniak, und verbessern so die Qualität des Aquarienwassers (→ Seite 36); bei der chemischen Filterung kommen normalerweise Kohle oder Zeolith zum Einsatz. Diese Materialien können im Wasser gelöste Schadstoffe binden, etwa Arzneirückstände nach der Behandlung einer Krankheit.

Filtermodelle: Zur Filterung können Sie einen Innenfilter im Becken anbringen oder einen Außenfilter unter bzw. neben das Aquarium stellen. Sowohl bei den Innen- als auch Außenfiltern gibt es im Zoofachhandel eine große Auswahl an Produkten.

CHECKLISTE

Beim Filterbetrieb zu beachten

- ✔ Bei Inbetriebnahme eines neuen Beckens sollten Sie den Filter mit Bakterienkulturen animpfen, damit er schneller optimal arbeitet.
- ✔ Waschen Sie die Biofiltermasse in lauwarmem Wasser ohne Reinigungsmittel aus. Die empfindlichen Bakterienkulturen würden sonst absterben.
- ✔ Wenn trotz frischer Filtermasse deutlich weniger Wasser aus der Austrittsöffnung (des Filters) kommt, muss der Motorkopf mit einem kräftigen Wasserstrahl gegen die Fließrichtung durchgespült werden. Wichtig: Den Motor nicht öffnen!

Heizung und Beleuchtung

Heizung

Normalerweise wird das Aquarienwasser für tropische Zierfische bereits temperiert eingefüllt und mit einem Regelheizer oder einer Heizspirale auf der gewünschten Temperatur gehalten. Kaltes Wasser kann nicht hochgeheizt werden – dafür reichen die Wattzahlen nicht aus. Bei modernen im Zoofachhandel erhältlichen Außenfiltern ist die Heizspirale oft bereits ins Gehäuse integriert und ein Chip regelt die Temperatur. Wie stark ein Heizer sein muss, lässt sich anhand einer Faustregel leicht ermitteln: Um ein Aquarium in einem geheizten Raum auf der richtigen Temperatur zu halten, reicht normalerweise ein Watt pro Liter Wasser aus. Keine Sorge! Das Thermostat schaltet nur ein, wenn die Energie auch tatsächlich gebraucht wird.

Platys sind auch für kleinere Aquarien bestens geeignet.

Stabheizer

Stabheizer aus hitzebeständigem Glas haben entweder im integrierten Filterkasten ihren Platz oder sie werden in der hinteren Ecke gegenüber dem Filter platziert. Sollte die Heizung aus irgendeinem Grund einmal defekt sein, schaltet sie ab und es kommt zu keiner Überhitzung.

Integrierte Heizer

In vielen Außenfiltern ist der Heizer heute bereits fest eingebaut, sodass erwärmtes Wasser ins Becken geleitet wird. Es muss also kein Heizstab gesondert im Aquarium installiert werden, der den optischen Eindruck stören könnte. Das richtig temperierte Wasser wird gleichmäßig durch den Filterauslauf im gesamten Becken verteilt; lediglich der Bodengrund bleibt etwas kühler.

TIPP

Achten Sie auf die richtige Temperatur

- Auch wenn die heutigen Aquarienheizungen weitgehend automatisch gesteuert werden, sollte man dennoch regelmäßig die Wassertemperatur kontrollieren.
- Am genauesten sind die Klebethermometer an der Außenseite, aber auch herkömmliche Glasthermometer reichen völlig aus.
- In größeren Aquarien mit integriertem Kammerfilter genügen Heizstäbe mit relativ geringen Wattzahlen. Die Abwärme von Pumpen und Leuchten dient als zusätzliche konstante Wärmequelle.

Beleuchtung

Ohne künstliche Beleuchtung ist in einem Aquarium kein gesunder Pflanzenwuchs möglich. Daher empfiehlt es sich, beim Kauf des Aquariums gleich eine passende Abdeckung mit Spritzwasserschutz für die Leuchtstoffröhren anzuschaffen.

Lampenfarben

Wählen Sie Röhren mit verschiedenen Farben. So könnte im hinteren Bereich beispielsweise eine Lichtfarbe sein, die den Pflanzenwuchs fördert, und im Vordergrund eine Röhre, die die Färbung der Fische besonders gut zur Geltung bringt. Mit gelben Röhren können Sie optimal für einen buschigen Pflanzenwuchs sorgen.

Lichtstärke

Bei Aquarien mit mehr als 40 cm Wasserstand gilt folgende Faustregel: pro 10 cm zusätzliche Höhe benötigt man eine weitere Röhre über die ganze Beckenlänge. Damit erreichen Sie bei nicht zu feinfiedrigen Pflanzen guten Wuchs mit kurzen Stängeln und dichtem Blattwerk. Nur kurze, buschige Pflanzen garantieren einen guten

> *Die lebhaften Panzerwelse gehen gern gemeinsam auf Futtersuche.*

Schadstoffabbau und geringen Algenwuchs.

Offene Becken

Offene Aquarienlandschaften können ohne Abdeckung mit sehr leistungsstarken Quecksilberdampf-Hochdrucklampen (HQL) oder Halogen-Metalldampflampen (HQI) ausgestattet werden. Verwenden Sie nur Hängeleuchten mit Spritzschutz. Im Lichtkegel außerhalb des Aquarienbereiches wachsen bei dieser Art von Beleuchtung übrigens auch Zimmerpflanzen noch recht gut.

CHECKLISTE

Zierfische ins rechte Licht setzen

- ✔ Sorgen Sie dafür, dass die Aquarienbeleuchtung etwa 12–14 Stunden täglich angeschaltet ist. Dies entspricht den Verhältnissen am natürlichen Standort der meisten Zierfische.
- ✔ Tauschen Sie die Leuchtstoffröhren regelmäßig aus, auch wenn sie nicht defekt sind. Der Grund ist, dass die Röhren nach etwa sechs Monaten nur noch ungefähr 50 Prozent ihrer ursprünglichen Leuchtkraft besitzen.
- ✔ Achten Sie auf wasserdichte Anschlüsse, damit es in der feuchten Umgebung keine Unfälle gibt.

Pflanzen

Aquarienpflanzen dienen nicht nur der Dekoration, sondern sie reichern das Wasser auch mit Sauerstoff an und bauen Schadstoffe ab. Außerdem legen viele Fische, etwa Skalare oder Schmetterlingsbuntbarsche, ihre Eier gern zwischen Pflanzen oder auf deren Blättern ab und auch Jungtiere haben oft nur in einem dicht bepflanzten Aquarium eine wirklich gute Überlebenschance.

TIPP

Die richtige Bepflanzung

- Erkundigen Sie sich beim Kauf, wie groß die Pflanzen später sein werden. Setzen Sie die niedrigen in den Vordergrund des Beckens und gestalten Sie den Hintergrund mit hohen Arten.
- Besonders attraktiv wirken gemischte Gruppen aus Exemplaren mit fein gefiederten und breiteren Blättern.

Gesundes Pflanzenwachstum

Damit Wasserpflanzen gut wachsen, brauchen sie Kohlendioxid (CO_2), Eisen und Stickstoff. Darüber hinaus stellen sie – genau wie Landpflanzen auch – unterschiedliche Ansprüche an ihren Standort. So brauchen beispielsweise aus schattigen Urwaldbächen stammende Arten weniger Licht als solche, die in der Natur an flachen, sonnigen Seeuferbereichen wachsen; außerdem gilt es in vielen Fällen bestimmte Ansprüche an die Temperatur, den pH-Wert und die Wasserhärte zu beachten. Ihr Zoofachhändler wird Sie beim Kauf Ihrer Pflanzen sicher gern beraten.

Kohlendioxid: Für die Fotosynthese der Pflanzen ist CO_2 besonders wichtig. In unseren Aquarien ist davon allerdings fast immer zu wenig vorhanden. Daher kann es notwendig sein, über spezielle Geräte zusätzlich Kohlendioxid ins Aquariumwasser zu leiten, um die Konzentration so etwas zu erhöhen. Viele dieser Geräte arbeiten heute ohne die früher üblichen Gasflaschen, wobei das CO_2 elektronisch gesteuert über eine Kohlepatrone abgegeben wird.

Moderne Carbonatoren arbeiten sogar ohne Strom. Das CO_2 diffundiert – durch einen Katalysator gesteuert – aus Zitronensäure und Kar-

Vallisnerien können sogar schwer abbaubares Nitrat verwerten.

1 Javafarn

Diese Pflanze wächst gern auf Wurzeln und Steinen. Sie treibt häufig Tochterpflanzen, die Sie dann ebenfalls wieder aufbinden können.

2 Speerblatt

Anubias-Arten wachsen auch bei weniger Licht. In hellen Aquarien sollten sie einen Schattenspender haben, etwa eine Wasserähre.

3 Wasserkelch

Er bildet schnell dichte Bestände. Die Wurzeln darf man nicht einkürzen, da sie bei Verletzung alle Blätter abwerfen, die aber nachwachsen!

bonat ins Aquarienwasser. Für Aquarien bis zu 250 Liter Inhalt ist die Kohlendioxidversorgung so für ungefähr einen Monat gewährleistet.
Aufnahme der Nährstoffe: Anders als Landpflanzen nehmen Wasserpflanzen ihre Nährstoffe hauptsächlich über die Oberfläche der Blätter oder Stängel auf und weniger über die Wurzeln, die in erster Linie der Verankerung im Boden dienen. Allerdings sind sehr viele Aquarienpflanzen keine echten Wasser-, sondern Sumpfpflanzen und diese decken ihren Hauptbedarf an Nährstoffen – genau wie Landpflanzen – über die Wurzeln. Daher kann es unter Umständen notwendig sein, den Bodengrund für solche Arten mit Stickstofftabletten zu düngen. Die handelsüblichen Flüssigdünger reichen in diesem Fall nicht aus, weil sie über die Wurzeln kaum aufgenommen werden.

Pflanzen einsetzen

Neu gekaufte Stängelpflanzen legen Sie am besten flach auf den Bodengrund und beschweren das untere Ende mit einem Stein, wobei die Schnittstelle frei bleibt. Stecken Sie den Stängel also nicht einfach in den Boden, denn nur wenn er flach aufliegt, berühren mehrere Stängelknoten den Bodengrund und können sich so gleichzeitig bewurzeln. Auf diese Weise erhält man später deutlich kräftigere Exemplare.
In Körbchen wachsende Rosettenpflanzen lösen Sie vorsichtig heraus. Manche Gärtnereien liefern die Pflanzen in grauer Steinwatte als Wurzelsubstrat, die Sie vorsichtig entfernen sollten. Kürzen Sie, außer bei Cryptocorynen, die Wurzeln auf maximal 3 cm Länge ein. Anschließend bohren Sie mit dem Finger ein Loch in den Bodengrund (etwas tiefer als eigentlich notwendig) und setzen die Pflanze ein. Danach wird das Loch geschlossen und die Pflanze zu guter Letzt wieder ein wenig zurückgezogen.

Fragen rund um Technik und Zubehör

? Wo ist der beste Platz für meinen Außenfilter?
Im Unterschrank oder daneben – das macht für die Funktion des Filters keinen Unterschied. Wichtig ist allerdings, das der Rücklauf unterhalb der Wasserlinie des Aquariums liegt. Wählen Sie den Filter nicht zu klein, denn mit einem großvolumigen Filtertopf und dem richtigen Filtermaterial bestückt, muss er nicht öfter als viermal im Jahr gereinigt werden. Außerdem können sich in einem größeren Filter mehr nützliche Bakterien ansiedeln, was die Wasserqualität verbessert.

? Mein Filter war längere Zeit außer Betrieb. Was muss ich vor dem erneuten Einschalten beachten?
Schalten Sie den Filter keinesfalls einfach wieder ein. Er würde sofort fauliges, trübes Wasser aus dem Topf ins Aquarium pumpen. Dadurch könnte es biologisch »umkippen« und wäre dann für die Fische unbewohnbar. Tauschen Sie das Filtermaterial aus und impfen Sie es mit einer neuen Bakterienkultur an. Wenn Sie dann noch die nächsten 24 Stunden nicht füttern, läuft anschließend wieder alles einwandfrei.

? Wie lange sollte die Aquarienbeleuchtung täglich angeschaltet sein?
Die tägliche Beleuchtungsdauer sollte etwa 12 bis 14 Stunden betragen, was ungefähr der Zeitspanne eines Tropentages entspricht. Da in der Natur alle Lebewesen eine Übergangszeit haben, um sich auf die Nacht vorzubereiten, sollten Sie Ihren Fischen ebenfalls eine kurze Dämmerungsphase geben. Schalten Sie dazu die Aquarienleuchten im Abstand von 15 Minuten aus und lassen Sie die Raumbeleuchtung danach noch einige Zeit brennen. Durch plötzliches Ausschalten könnten besonders größere Fische so erschreckt werden, dass sie sich oder anderen ernsthafte Verletzungen zufügen. Eine separate Schaltuhr an den jeweiligen Leuchten sorgt stets für die richtige Beleuchtungsdauer.

Die friedlichen Schillerbärblinge brauchen als Schwarm ausreichend Schwimmraum.

Kann man Aquarienpflanzen auch selbst vermehren?

Besonders bei Stängelpflanzen ist die Vermehrung nicht weiter schwierig. Kürzen Sie die Pflanze einfach drei Blattquirle über dem Boden ein, damit sie sich dort erneut verzweigen kann. Die abgeschnittenen Triebe pflanzen Sie – wie auf Seite 19 beschrieben – neu ein. Einige Arten lassen sich aber auch durch Ableger vermehren, die sich normalerweise an speziellen Seitentrieben entwickeln, von denen sie abgeschnitten und neu eingepflanzt werden können. Allerdings sollte dies erst geschehen, wenn die Jungpflanzen etwa fünf bis sechs eigene Blätter besitzen, damit sie kräftig genug sind, um allein heranzuwachsen.

Welcher Bodengrund ist für mein Aquarium am besten geeignet?

Der richtige Bodengrund sollte die Wasserqualität nicht beeinflussen, Pflanzen den notwendigen Halt geben und vom Wasser durchflutet werden können. Vermeiden Sie unbedingt scharfkantiges Material, an dem sich die Welse beim Gründeln verletzen könnten. Für den Pflanzbereich empfehle ich Quarzkies der Körnung 3 bis 5 mm. Für einen abgegrenzten Schwimmraum kann man auch einen Sandboden einbringen, *Cryptocoryne*- und *Vallisneria*-Arten mit ihren kräftigen Wurzeln lieben solche Böden. Dort werden sie Horste bilden, kurz bleiben und buschiger wachsen als im lockeren Kies.

Welche Wurzeln, Steine und Dekorationskeramik kann ich in meinem Aquarium völlig unbedenklich verwenden?

Heute dürfen aufgrund geltender Naturschutzgesetze keine Moorkienholzwurzeln mehr aus der Natur entnommen werden, um diese wertvollen Biotope nicht weiter zu gefährden. Und auch Steine sollten Sie besser im Zoofachhandel erwerben, weil Sie so sicher sein können, dass die Wasserqualität nicht negativ beeinflusst wird. Gestalten Sie die Einrichtung nach Ihrem persönlichen Geschmack, aber achten Sie darauf, keine scharfkantigen Elemente einzubauen, an denen sich die Fische verletzten könnten.

MEINE TIPPS FÜR SIE

Peter Stadelmann

Hinweise zur Sicherheit und Technik

- Strom und Wasser stellen eine besonders gefährliche Verbindung dar. Daher gilt die wichtige Regel: Bevor Sie an den Geräten hantieren – auf jeden Fall alle Stecker herausziehen!
- Über einem offenen Aquarium angebrachte Leuchten benötigen einen Spritzwasserschutz. Ist der nicht vorhanden, sollten Sie unbedingt einen Sicherheitsabstand von etwa 50 cm einhalten.
- Tauschen Sie nie alle Leuchtstoffröhren auf einmal aus. Das Pflanzenwachstum würde unter den zu stark veränderten Bedingungen leiden.
- Die Austrittsöffnung des Filters sollte unterhalb der Wasserlinie liegen, damit kein Kohlendioxid ausgetrieben wird.
- Achten Sie stets darauf, dass alle elektrischen Aquariengeräte unbedingt einen amtlichen Prüfvermerk (GS oder VDE) haben.

Eingewöhnungs-Programm

Kauf und Eingewöhnung

Der Zoofachhandel bietet heute eine reiche Auswahl an attraktiven Fischen. Ständig werden neue Farbschläge gezüchtet. Da ist es schwer, den Überblick zu behalten. Informieren Sie sich möglichst schon vor dem Kauf über in Frage kommende Arten und deren Bedürfnisse. Nur so lässt sich ein guter Fischbesatz planen.

Der Schmetterlingsfisch lauert unter Schwimmpflanzen auf Beute.

Häufig ist es einfacher, sich nicht auf eine ganz bestimmte Art festzulegen, sondern sich nur die Fischfamilie zu notieren, aus der Sie Tiere erwerben möchten, um dann vor Ort die endgültige Auswahl zu treffen.

Augen auf beim Kauf

Kaufen Sie die Fische nicht sofort, sondern besuchen Sie den Händler mehrmals zu verschiedenen Zeiten. Ein guter Termin für den letzten Besuch ist montags so gegen zehn Uhr. Der Grund dafür ist einfach: Die Zierfisch-Neulieferungen kommen meistens donnerstags. Sollten Fische aus dieser Lieferung mit einer Krankheit infiziert gewesen sein, dann ist diese bis Montag sicher ausgebrochen und die Fische sind erkennbar krank. Ist der Händler gerade beim Großreinemachen, dann wissen Sie, warum es richtig war, dass Sie nicht sofort gekauft haben. Sind die Aquarien dagegen immer noch gut gefüllt und sauber, können Sie jetzt Ihre Auswahl treffen.

CHECKLISTE

Regeln für den Fischkauf

- ✔ Stimmen Wasserwerte und Temperatur in den Becken der von Ihnen ausgewählten Fische ungefähr mit den Werten in Ihrem Aquarium überein? Fragen Sie Ihren Händler danach!
- ✔ Sind die Aquarien des Händlers sauber und klar oder weisen die Scheiben vielleicht einen dichten Algenwuchs auf und man kann kaum hineinsehen? Eine solche Haltung muss nichts über die Fischqualität aussagen, sollte aber doch zur Vorsicht mahnen!
- ✔ Ist das Wasser blau oder gelblich verfärbt? Das kann auf eine Behandlung mit Medikamenten hindeuten. Auf Fische aus solchen Aquarien sollten Sie unbedingt verzichten!
- ✔ Kaufen Sie keine Fische, wenn auch nur einige Tiere in der Verkaufsanlage weiße Pünktchen, trübe Augen, ausgefranste Flossen oder angegriffene Schleimhäute haben.
- ✔ Riecht das Wasser muffig oder nach Schwefelwasserstoff, also nach faulen Eiern? Kaufen Sie keine Fische aus solchen Becken! Ihre Gesundheit könnte bereits angegriffen sein.

1 **Schlusslichtsalmler**

Schlusslichtsalmler, auch Laternchenträger genannt, gehören zu den Arten, die nicht weiter schwierig zu pflegen sind. Sie leben im Schwarm und man sieht sie oft gemeinsam im dichten Blattwerk stehen. Wie die meisten Salmler bevorzugen sie weiches, leicht saures Wasser. Die Männchen lassen sich an der etwas spitzeren Schwimmblase erkennen.

2 **Eier legende Zahnkarpfen**

Eier legende Zahnkarpfen, etwa dieser Bunte Prachtkärpfling, sind dagegen nicht ganz so leicht zu halten. Besonders die Fütterung mit feinem Lebendfutter ist nicht immer ganz einfach. Außerdem bevorzugen viele Arten nicht allzu hohe Wassertemperaturen, sodass man sie nicht ohne weiteres mit allen Zierfischen vergesellschaften kann.

Transport der Fische

Das Herausfangen beim Zoofachhändler, ein oft längerer Transport, aber auch die völlig neue Umgebung können reichlich Stress für Ihre neuen Zierfische bedeuten. Um diesen so gering wie möglich zu halten, sollten Sie dem Verkäufer sagen, wie lange Sie nach Hause unterwegs sein werden. Berechnen Sie die Zeit ruhig großzügig, dann werden die Beutel auf jeden Fall richtig mit isolierendem Zeitungspapier umwickelt. Dies sollte übrigens nicht nur während der kalten Jahreszeit geschehen, denn die Fische verhalten sich in dunkler Umgebung zumeist ruhiger und es kommt seltener zu Schleimhaut- oder Schuppenverletzungen.

Einsetzen der Fische

Wenn Sie mit Ihren Fischen nach Hause kommen, sollte dort bereits ein vollständig eingerichtetes Aquarium für die Tiere bereitstehen.
Lassen Sie den Beutel mit den Fischen zunächst einige Zeit auf der Wasseroberfläche des Beckens schwimmen, damit sich die Wassertemperatur im Transportbeutel an die des Aquariums angleichen kann. Geben Sie anschließend ein Wasseraufbereitungsmittel mit Schleimhautschutz in der Nähe des Filterrücklaufes hinzu, dann öffnen Sie langsam den Beutel, lassen vorsichtig Aquarienwasser hineinlaufen und die Fische anschließend behutsam hinausschwimmen.
Schalten Sie die Aquarienbeleuchtung erst nach etwa einer Stunde an. Nur mit der Raumbeleuchtung gewöhnen sich die Fische schneller an ihr neues Zuhause.

Fortpflanzung und Zucht

Fische haben unterschiedliche Methoden zur Fortpflanzung entwickelt. Der einfachste und am weitesten verbreitete Laichvorgang ist das Abstoßen der Eier ins freie Wasser, wo sie vom Männchen befruchtet werden. Danach kümmern sich die Eltern nicht weiter um die Brut. Fische, die sich auf diese Weise fortpflanzen, nennt man Freilaicher.

Brutpflege

Dagegen betreiben besonders viele Buntbarsch-Arten eine intensive Brutpflege, indem sie die auf einem Stein oder an einem größeren Blatt abgelegten Eier bewachen und betreuen.

Maulbrüter: Bei den Maulbrütern ist die Brutpflege sogar noch ausgeprägter. Hier nehmen die Elterntiere die Eier ins Maul oder auch in den erweiterten Schlund, damit sie sich dort gut geschützt entwickeln können. Während dieser Zeit fressen die Tiere nicht und auch wenn die Jungfische geschlüpft sind, suchen sie bei jeder Gefahr weiterhin Zuflucht im Maul der Eltern.

Nestbau: Eine ebenfalls sehr interessante Form der Brutpflege haben viele Labyrinthfische entwickelt (→ auch Foto Seite 27). Sie bauen zum Schutz ihrer Nachkommen ein Schaumnest aus schleimumhüllten Luftblasen, das wie ein Floß an der Wasseroberfläche treibt. Bewacht und gepflegt werden die Nester normalerweise von den Männchen.

Keilfleckbärblinge sind typische Freilaicher, geben ihre Eier also einfach ins freie Wasser ab.

Lebend gebärende Fische

Die lebend gebärenden Zahnkarpfen verfolgen noch eine andere Fortpflanzungsstrategie. Bei ihnen entwickeln sich die Eier gut geschützt im Körper des Muttertieres zu fertigen Fischchen. Daher sind sie bei der Geburt schon relativ selbstständig.

Zierfische züchten

Die besten Voraussetzungen für eine erfolgreiche Zucht sind gesunde, große, optimal ernährte Elterntiere. Um diese zu bekommen, zieht man z.B. bei Guppys eine Gruppe von Jungtieren auf und trennt die Fische dann frühzeitig nach Geschlechtern.
Der Grund für diese Maßnahme ist, dass sich bei vielen lebend gebärenden Zahnkarpfen die Weibchen nur dann zur vollen Größe entwickeln, wenn sie sich nicht zu früh fortpflanzen.
Ist bei den Weibchen der dunkle Trächtigkeitsfleck vor der Afterflosse deutlich zu erkennen, setzen Sie ein einzelnes, sorgfältig ausgewähltes Männchen zu den Weibchen ins Becken, in dem einige Versteckmöglichkeiten vorhanden sein sollten und fangen es »nach getaner Arbeit« gleich wieder heraus. Nach Möglichkeit sollte es sich bei den Männchen und Weibchen stets um unterschiedliche Farbschläge handeln, damit Inzuchtfolgen vermieden werden. Wenn Sie allerdings eigene Farbschläge herauszüchten wollen, können Sie auf Inzuchtlinien nicht verzichten.

Labyrinthfische

1

Das Schaumnest der Labyrinthfische hält den Laich auf engstem Raum zusammen. Es wird zumeist vom Männchen bewacht, das zudem ständig zerstörte Blasen erneuert.

Lebend gebärende

2

Die Nachkommen lebend gebärender Fische wachsen zwar geschützt im Muttertier heran, haben aber auch als Jungfische noch so viele Feinde, dass sie nur in einem dicht bepflanzten Becken oder mit einem Ablaichkasten überleben können.

Buntbarsche

3

Buntbarsche, die ihre Eier auf einem Stein oder einem Blatt ablegen, betreiben oft eine intensive Brutpflege. Dabei verteidigen die Elterntiere ihr Gelege nicht nur gegen Laichräuber, sondern fächeln den Eiern auch sauerstoffreiches Wasser zu.

Maulbrüter

4

Maulbrüter betreiben eine aufwändige Brutvorsoge, um ihre Nachkommen zu schützen. Bei ihnen entwickeln sich nicht nur die Eier geschützt im Maul eines der Elterntiere, sondern auch die geschlüpften Jungfische finden dort noch Schutz.

Verhaltensdolmetscher

Aquarienfische

In jedem Aquarium gibt es eine Menge zu beobachten. Hier erfahren Sie, was die Fische mit ihrem Verhalten ausdrücken wollen ? und wie Sie richtig darauf reagieren →.

Diese Zwergfadenfisch-Männchen bedrohen sich gegenseitig.

? Zwergfadenfische sind normalerweise friedlich. Ihr Nest verteidigen sie allerdings leidenschaftlich.

→ Wenn das Becken groß genug ist, wird es bei den harmlosen Drohungen bleiben.

Schwarmfische bilden manchmal keinen Schwarm.

? Schwärme werden besonders bei Gefahr gebildet, weil die Fische sich unter ihresgleiches sicherer fühlen.

→ Oft wird die Schwarmbildung verbessert, wenn man die Anzahl der Tiere etwas erhöht.

Feuermaulbuntbarsche wühlen manchmal sämtliche Pflanzen aus und zerstören sie.

? Dieses Verhalten tritt bei einigen Buntbarschen besonders zur Laichzeit auf.

➜ Verwenden Sie Pflanzen, die sich aufbinden lassen, beispielsweise Javafarn.

Manchmal zerstören Kampffische ihr mühsam gebautes Nest.

? Die Balz ist bei diesen Fischen oft etwas stürmisch.

➜ Wenn Schwimmpflanzen im Becken vorhanden sind, wird das Nest nicht so leicht zerstört.

Bei Purpurprachtbarschen kümmert sich häufig nur ein Elternteil um die Jungen.

? Viele Buntbarsche zeigen bei der Jungenzucht eine Art Arbeitsteilung.

➜ Die meisten Barsche sind fürsorgliche Eltern.

Zu bestimmten Tageszeiten ziehen sich Skalare ins Pflanzendickicht zurück.

? Achten Sie darauf, wie sich das Streifenmuster der Fische verändert. So sind sie besonders gut getarnt.

➜ Bieten Sie den Fischen ungestörte Ruhephasen.

Fragen rund um Aussehen und Verhalten der Fische

? Warum gibt es in einem Fischschwarm eigentlich kein Chaos und die Tiere stoßen nicht ständig zusammen?

Der Grund ist das Seitenliniensystem. Damit bezeichnet man eine Reihe von Sinneszellen, die sich bei vielen Fischarten vom Kopfbereich bis zur Schwanzwurzel hinziehen. Mit Hilfe der Seitenlinie registrieren die Fische Druckveränderungen der Umgebung, darunter auch Druckwellen, die von Hindernissen – in diesem Fall ihren Artgenossen – zurückgeworfen werden. Dank dieses Systems können sich Fischschwärme übrigens auch in völliger Dunkelheit noch sehr gut orientieren.

? Ich habe in meinem Aquarium Panzerwelse, die manchmal plötzlich senkrecht an die Oberfläche schießen und ebenso schnell wieder abtauchen. Was hat das zu bedeuten?

Sehr viele Welse sind Bodenfische, leben also oft in tieferen Wasserzonen, wo sie nicht selten mit Sauerstoffmangel zu kämpfen haben. Dazu kommt, dass sich die Kiemen bei der Futtersuche in Sedimentschichten vorübergehend zusetzen können. Um diese Probleme zu bewältigen, haben zahlreiche Welse eine so genannte Darmatmung entwickelt, mit deren Hilfe sie abgeschluckter Luft den lebensnotwendigen Sauerstoff entziehen können. Dieses Verhalten zeigen sie übrigens auch dann, wenn sie in einem gut durchlüfteten Aquarium leben.

? Warum haben einige Fische eiförmige Flecken auf den Flossen?

Wie sich jeder vorstellen kann, ist die Färbung und Zeichnung der Fische keineswegs dazu da, den menschlichen Beobachter zu erfreuen, sondern spielt unter anderem eine Rolle bei der gegenseitigen Erkennung oder auch bei der Partnerwahl und Fortpflanzung. So findet man beispielsweise auf den After-

Der Zebraharnischwels ist zwar ein Allesfresser, bevorzugt aber Fleischnahrung.

flossen von Maulbrüter-Männchen typische Eiflecken, die bei der Eiablage dem Weibchen präsentiert werden, um ihr zu suggerieren: »Hier liegen schon einige Eier – leg noch welche dazu!« Also legt sie Eier in die Bodenkuhle und nimmt sie anschließend ins Maul. Gleichzeitig nähert sie sich bei dem Versuch, die vermeintlichen Eier aufzunehmen, mit dem bereits im Maul befindlichen Laich der männlichen Kloake und damit dem ins Wasser abgegebenen Sperma. Dadurch besteht eine sehr viel bessere Chance für die Befruchtung der Eier.

? Welchen Sinn hat das »Küssen« bei den Küssenden Guramis?

Natürlich küssen sich Fische nicht wirklich, auch wenn es der flüchtige Beobachter so deuten mag. Bei den Küssenden Guramis (*Helostoma temminckii*) sind es in Wahrheit auch nur die Männchen, die mit geschürzten Lippen aufeinander zuschwimmen, das Maul aneinander pressen und sich dann hin und her zerren. Der Grund für dieses ungewöhnliche Verhalten ist, dass eines der Männchen das andere mit aller Kraft aus dem von ihm besetzten Revier verdrängen möchte. Glücklicherweise verletzen sich die Tiere dabei aber nicht.

? Wozu dient eigentlich die schwertartig ausgezogene Schwanzflosse der Schwertträger?

Der Schwertträger ist der einzige Fisch, der vorwärts und rückwärts nahezu gleich schnell schwimmen kann. Und es sieht wirklich sehr spektakulär aus, wenn ausgewachsene Schwertträger-Männchen, die bis zu 15 cm groß werden können, pfeilschnell rückwärts durch das Aquarium schießen. Allerdings liegt es nicht in ihrer Absicht, andere Fische mit dem Schwertfortsatz zu verletzen, sondern sie umwerben ein Weibchen, dem sie mit ihrer ausgezogenen Schwanzflosse imponieren wollen. Wie man schnell feststellen wird, beschränkt sich das Werben fast immer auf Weibchen mit einem deutlichen Trächtigkeitsfleck, denn der signalisiert dem Schwertträger-Männchen: Hier sind viele reife Eier vorhanden, die geradezu darauf warten, befruchtet zu werden.

MEINE TIPPS FÜR SIE

Peter Stadelmann

Kauf und Eingewöhnung leicht gemacht

- Bedenken Sie beim Kauf, dass die Fische im Becken des Händlers Jungtiere sind, die oft noch beträchtlich wachsen und ihre ganz speziellen Eigenschaften entwickeln.
- Kaufen Sie nie Fische aus einem Becken, in dem sich ein krank aussehendes oder totes Tier befindet.
- Lassen Sie sich den Transportbeutel mit Zeitungspapier einwickeln, damit sich das Wasser nicht zu stark abkühlt. Ein weiterer Vorteil des Einpackens ist, dass die Fische in der Dunkelheit des verpackten Beutels ruhiger werden.
- Transportieren Sie den Beutel liegend, weil so mehr Sauerstoff über die größere Wasseroberfläche ins Wasser gelangen kann.
- Geben Sie die den »alten« Beckenbewohnern vor dem Einsetzen neuer Fische ein wenig Futter, damit sie ruhiger sind und die Neuankömmlinge nicht gleich attackieren.

Fit-und-gesund-Programm

Das Aquarium – ein Ökosystem

Wenn auch klein, so ist das Aquarium doch ein in sich geschlossenes System, das ähnlichen Gesetzmäßigkeiten unterliegt wie ein Gewässer in der Natur. Genau genommen ist es sogar noch etwas »geschlossener« als ein Freilandbiotop, weil äußere Ein-

Rotkopfsalmler schwimmen gern im Schwarm mit Neons.

flüsse, beispielsweise Niederschläge, keine Rolle spielen. Dadurch ist der kleine Lebensraum zwar gut überschaubar, hat aber den Nachteil der geringen Wassermenge, sodass das gesamte System bei einer Verschlechterung der Wasserqualität viel schneller »umkippt« als ein natürliches Gewässer. Aus diesem Grund muss man ein Aquarium regelmäßig pflegen und die Wasserwerte von Zeit zu Zeit überprüfen. So lange die Fische aber freudig ans Futter gehen und fressen, besteht in aller Regel keinerlei Grund zur Beunruhigung.

Der pH-Wert

Der pH-Wert gibt den Säuregrad des Wassers an. Bei Werten unter pH 7 ist das Wasser sauer, ein pH-Wert von 7 gilt als neutral, während Wasser bei Werten über 7 als alkalisch bezeichnet wird. Die meisten Zierfische bevorzugen pH-Werte zwischen 6,5 und 7,5 und solches Wasser kommt bei uns zumeist aus der Leitung. Daher können Sie dieses Wasser bei der Einrichtung Ihres Beckens auch problemlos verwenden. Vorsichtshalber sollten Sie den pH-Wert vor dem Einsetzen der Fische aber mit handelsüblichen Messreagenzien noch einmal überprüfen.

Die Ansprüche unterschiedlicher Arten: Viele beliebte Zierfische, darunter die meisten Salmler sowie viele Barben und Bärblinge, bevorzugen leicht saures Wasser, also

TIPP

Der richtige pH-Wert

- Die pH-Wert-Kontrolle gehört zu den regelmäßigen Pflegemaßnahmen eines Aquarianers.
- Dekorationsgegenstände wie Steine oder Holz können den pH-Wert beeinflussen.
- Der pH-Wert lässt sich recht einfach mit Mitteln aus dem Zoofachhandel verändern, etwa mit pH-Wert-senkenden oder -erhöhenden Aufbereitungsmitteln, aber auch mit Torfextrakt bzw. Zeolith.
- Zur erfolgreichen Zucht benötigen viele Fische oft einen leicht veränderten pH-Wert.

einen pH-Wert um 6,5, während sich viele lebend gebärende Zahnkarpfen, etwa Black Mollys, bei pH-Werten über 7 wohler fühlen. Die Bedürfnisse einzelner Arten können Sie der Tabelle auf Seite 11 entnehmen.

Die Wasserhärte

Ein weiterer Begriff, der im Zusammenhang mit der Zierfischhaltung immer wieder auftaucht, ist die Wasserhärte. Für Aquarianer ist die Gesamthärte (GH) wichtig. Sie wird im Wesentlichen durch den Gehalt an Kalzium- bzw. Magnesiumsalzen bestimmt und normalerweise in °d (Grad deutscher Härte) angegeben. Dabei gilt

- Wasser bis 5°dGH als sehr weich,
- Wasser von 5–10°dGH als weich,
- Wasser von 10–20°dGH als mittelhart,
- Wasser von 20–30°dGH als hart,
- Wasser über 30°dGH als sehr hart.

Die meisten Aquarienfische fühlen sich im Bereich von 6°dGH–16°dGH am wohlsten. Welche Härte Ihr Leitungswasser hat, erfahren Sie beim Wasserwerk Ihrer Stadt.

Nicht nur Fische, sondern auch Pflanzen haben unterschiedliche Ansprüche an die Wasserqualität.

Wenn es notwendig sein sollte, die Wassserhärte zu senken, geschieht dies am einfachsten und sichersten mit handelsüblichen Wasseraufbereitungsmitteln. Es ist aber auch möglich, über Torf zu filtern oder spezielle Geräte zu verwenden, etwa eine Osmoseumkehranlage. Zur Erhöhung der Wasserhärte gibt es ebenfalls geeignete Aufbereitungsmittel. Erkundigen Sie sich bei Ihrem Zoofachhändler nach den entsprechenden Präparaten.

Der Stickstoffkreislauf

Aber nicht nur pH-Wert und Wasserhärte beeinflussen die Wasserqualität eines Aquariums, sondern auch bestimmte Stickstoffverbindungen, von denen einige, etwa das Ammoniak, für Fische äußerst giftig sind. Im Aquarium stammt das Ammoniak hauptsächlich von verwesenden organischen Substanzen, also abgestorbenen Pflanzen, toten Fischen oder Futterresten, aber auch aus dem Stoffwechsel der Beckenbewohner, also aus dem ins Wasser abgegebenen Urin und Kot.

Bestimmte Stickstoffprodukte, etwa Ammoniak, sind für Fische giftig.

Die Rolle der Bakterien

Glücklicherweise gibt es in jedem Aquarium Bakterien, die dafür sorgen, dass das giftige Ammoniak nicht überhand nimmt. Dies sind

- zur Gattung *Nitrosomonas* gehörende Arten, die Ammonium, das sich – in Abhängigkeit vom pH-Wert – mit dem giftigen Ammoniak in einem Gleichgewicht befindet, in Nitrit umwandeln. So kann das Ammoniak nicht überhand nehmen.
- Bakterien aus der Gattung *Nitrobacter*, die Nitrit, das für Fische immer noch gesundheitsschädigend ist, in weitaus weniger schädliches Nitrat umwandeln, das manche Pflanzen, beispielsweise Vallisnerien oder auch Javafarn zudem gern als Nährstoff verwenden.

Nitrat wird allerdings leider in manchen Organen gespeichert und die Fische gewöhnen sich dann an die schlechten Bedingungen.
Anschließend kann es dann bei einem Wasserwechsel zu Entzugserscheinungen und Ausfällen kommen.
Damit der Abbau der Stickstoffverbindungen schnell erfolgen kann, empfiehlt es sich, das Aquarium beim Einfahren mit den richtigen Bakterien anzuimpfen. Zu beachten ist dabei, dass die erwähnten »nützlichen« Mikroorganismen aerobe Lebewesen sind, also Sauerstoff brauchen, um ihrer Aufgabe nachkommen zu können. Deshalb sollten Sie mit einem Oxidator und gutem Pflanzenwuchs für einen hohen Sauerstoffgehalt in Ihrem Aquarium sorgen und niemals den Filter abschalten, weil die Bakterien sonst absterben würden.
Wichtig ist auch, bei der Reinigung des Filters nicht das gesamte Material auszutauschen, sondern einen Teil der alten Filtermasse wieder zu verwenden, damit sofort wieder genug Bakterien zur Verfügung stehen, um das neue Filtermaterial zu besiedeln.

Die Verwendung von Zeolith

Das Wachstum erwünschter Bakterien kann man durch geeignete Filtermaterialien unterstützen, etwa durch Zeolith. Dieses Material weist unzählige kleine Poren und Kanäle auf, sodass die Oberfläche, auf der Bakterien wachsen können, um ein Vielfaches größer wird.

Soforthilfe bei Pannen

Der pH-Wert hat sich stark verändert

Sofort: ein Drittel des Wassers wechseln.

Langfristig: Finden Sie die Ursache heraus. Muscheln aus dem Urlaub und kalkhaltige Steine machen das Wasser alkalisch (erhöhen den pH-Wert). Selbst gesammelte Wurzeln enthalten zu viel Gerbsäure (verringern pH-Wert). Stellen Sie den pH-Wert durch Wasseraufbereitungsmittel neu ein.

Das Wasser hat einen stechenden Geruch

Sofort: ein Drittel des Wassers wechseln, Oxidator neu füllen, Biofiltermaterial erneuern.

Langfristig: Wahrscheinlich ist die Ammoniakkonzentration des Wassers zu hoch. Erhöhen Sie den Sauerstoffgehalt (Oxidator), verringern Sie den Fischbesatz und erneuern Sie das Filtermaterial. Sorgen Sie für mehr schnellwüchsige Pflanzen.

Es sind Schadstoffe ins Wasser gelangt

Sofort: ein Drittel des Wassers wechseln und kurzzeitig über Aktivkohle filtern.

Langfristig: Verwenden Sie in Aquariennähe keine Sprays. Sorgen Sie dafür, dass dort weniger geraucht wird. Entfernen Sie erzhaltige Steine oder Metallgegenstände aus dem Aquarium. Benutzen Sie zum Wasserwechsel keine beim Hausputz verwendeten Eimer.

Aus dem Boden steigen Gasbläschen auf

Sofort: Sauerstoff zuführen und Oxidator füllen, ein Drittel des Wassers wechseln, Bodengrund lockern.

Langfristig: Im Bodengrund haben sich anaerobe Bakterien angesiedelt, die das Wasser vergiften. Lockern Sie den Boden auf und wechseln Sie ein Drittel des Wassers. Waschen Sie am nächsten Tag den Biofilter aus. Wiederholen Sie das Ganze eine Woche später.

Um das Aquarium ist es feucht

Sofort: Stellen Sie fest, ob das Becken undicht ist oder ob vielleicht doch nur Wasser beim Wasserwechsel verschüttet wurde. Sollte das Aquarium undicht sein, wenden Sie sich an Ihren Zoofachhändler mit der Bitte um ein Leihbecken.

Langfristig: Achten Sie beim Scheibenreinigen mit der Klinge darauf, nicht in das zum Verkleben verwendete Silikon zu schneiden.

Es liegt ein toter Fisch im Becken

Sofort: Holen Sie das Tier mit einem Netz heraus. Kontrollieren Sie es auf Anzeichen einer Krankheit. Setzen Sie eventuell geeignete Medikamente ein.

Langfristig: Auch wenn Sie keine Krankheitssymptome feststellen konnten, sollten Sie Ihre Fische einige Tage sehr genau beobachten, ob sich bei anderen Tieren nicht doch Anzeichen einer Krankheit zeigen.

Reinigung und Pflege

Ein Aquarium braucht relativ wenig Pflege. Nehmen Sie sich vor jeder Pflegemaßnahme die Zeit, Ihre Fische genau zu beobachten und verschieben Sie die vorgesehene Tätigkeit ruhig, wenn irgend etwas nicht in Ordnung zu sein scheint.

Da Streifenhechtlinge gern springen, ist eine gute Abdeckung nötig.

Wasserwechsel

So gut Ihr Becken auch bepflanzt sein mag – es wird den Pflanzen nicht gelingen, dem Wasser alle schädlichen Stickstoffverbindungen zu entziehen. Daher sollten Sie es sich zur festen Angewohnheit machen, einmal pro Woche ein Drittel des Beckenwassers auszutauschen. Mehr darf es allerdings nicht sein, weil sich die Wasserqualität sonst zu sehr verändert.
Am einfachsten führt man den Wasserwechsel mit einem Schlauch und einem Eimer durch. Während Sie mit der einen Hand den Schlauch im Aquarium führen, hält die andere das im Eimer hängende Schlauchende. So können Sie den Wasserfluss schnell unterbrechen, falls ein Fisch dem Schlauchende einmal zu nahe kommen sollte. Anschließend füllen Sie das Aquarium wieder auf, wobei das Wasser möglichst an die Temperatur im Becken angepasst sein sollte.

Mulm absaugen

Im Laufe der Zeit setzt sich am Boden und in den Ecken eine braune Mulmschicht ab. Dabei handelt es sich um eine Mischung aus abgestorbenen Pflanzenteilen und Ausscheidungen der Fische.
Weil dem Wasser beim Abbau des Mulms durch Mikroorganismen sehr viel Sauerstoff entzogen wird, sollten Sie den Mulm von Zeit zu Zeit entfernen. Am besten saugen sie ihn beim Wasserwechsel gleich

TIPP

Pflegehinweise

- Führen Sie möglichst nur eine Pflegemaßnahme pro Tag durch, um unnötigen Stress für die Fische so weit wie möglich zu vermeiden.
- Sind die Fische krank, sollten Sie alle Pflegemaßnahmen verschieben.
- Wenn Sie neue Fische eingesetzt haben, sollten Sie mit den Pflegemaßnahmen eine Woche warten.
- Bevor Sie im Aquarium hantieren – immer Stecker ziehen. Die Verbindung von Strom und Wasser kann schwere Unfälle verursachen.

mit ab. Dazu bewegen Sie den Schlauch bzw. einen handelsüblichen Mulmsauger vorsichtig über dem Kies hin und her, damit Mulm und Wasser in den Eimer gelangen und der schwere Kies wieder auf den Boden zurück fällt.
Gehen Sie aber nie zu tief in den Bodengrund, weil Sie sonst die feinen Wurzeln der Pflanzen zerstören. Cryptocorynen mit ihren Ausläufern im Kiesboden sind da besonders empfindlich.

Scheiben reinigen

Die Scheiben des Aquariums sollten wöchentlich einmal von innen und außen gereinigt werden. Verwenden Sie auch für die Außenseiten keine handelsüblichen Fensterputzmittel, weil solche Substanzen Vergiftungen hervorrufen können, wenn sie ins Wasser geraten. Für die Säuberung der Innenseiten sind Klingenreiniger am besten geeignet. Achten Sie aber unbedingt darauf, nicht ins Silikon zu schneiden.
Recht praktisch sind auch handelsübliche Algenmagneten, bei denen allerdings kein Sand zwischen Scheibe und Magneten geraten darf, weil das Aquariumglas sonst Kratzer bekommen kann.

Bei diesem Schmalbarsch sind die Eiflecken auf der Afterflosse gut erkennbar.

Überprüfung der Wasserqualität

Wie bereits erwähnt, empfiehlt es sich, von Zeit zu Zeit die wichtigsten Wasserwerte zu überprüfen. Auf jeden Fall sollten Sie dies tun, wenn Sie Veränderungen im Aquarium vornehmen, denn schon das Einbringen neuer Steine kann den pH-Wert z. B. stark verändern. Messstäbchen oder Testsets für die Überprüfung der Wasserwerte gibt es in jedem Zoofachhandel.

CHECKLISTE

Ferientaugliches Aquarium

- ✔ Überprüfen Sie 14 Tage vor der Reise den Biofilter und füllen Sie den Oxidator eventuell neu.
- ✔ Lassen Sie jemanden einmal pro Woche nach dem Rechten sehen und geben Sie ihm für Notfälle die Telefonnummer Ihres Zoofachhändlers.
- ✔ Weisen Sie Ihre Urlaubsvertretung genau ein.
- ✔ »Trainieren« Sie Ihre Fische für die Fütterung mit einem Automaten und finden Sie dabei heraus, mit welcher Futtermenge er befüllt werden muss, damit alle Fische satt werden.

Algenwuchs

Algen können zu einem Problem werden, wenn sich Pflanzen und Dekorationsgegenstände eines liebevoll eingerichteten Beckens plötzlich mit einem dunklen Belag überziehen, der das Aquarium oft recht ungepflegt aussehen lässt. Das muss jedoch nicht sein. Zwar gibt es kein Aquarium ohne Algen, aber mit der richtigen Pflege des Beckens und einem geeigneten Fischbesatz ist es zumeist möglich, ihr Wachstum in Grenzen zu halten.
Zu chemischen Mitteln sollten Sie allerdings nur in Ausnahmefällen greifen, denn wenn die Algen auf diese Weise abgetötet werden, bleibt ihre Biomasse im Aquarium zurück und wird von Mikroorganismen in ganz kurzer Zeit wieder zu Nährstoffen abgebaut, die wiederum von neuen Algen genutzt werden. Ein Teufelskreis entsteht.

Pflanzendickichte bieten Schutz für Fische wie diese Schwarzen Neons und verringern auch den Algenwuchs.

Gezielte Bekämpfung des Algenwuchses

Um Algen effektiv und langfristig bekämpfen zu können, gilt es zunächst einmal herauszufinden, um welche Art von Algen es sich handelt, um dann eine gezielte Bekämpfung einzuleiten.
Bartalgen: Diese braunschwarzen, sehr fest sitzenden Algen findet man häufig auf Javafarn. Stark befallene Blätter sollten abgeschnitten werden; außerdem kann man Algen fressende Fische einsetzen, beispielsweise Brokatbarben und Küssende Guramis.
Blaualgen (Cyanobakterien): Diese dunkelgrünen bis blauschwarzen Organismen bilden einen schleimigen Belag auf Pflanzen und Dekorationsgegenständen. Als Gegenmaßnahme sollte man Eisendünger zugeben, schnell wachsende Pflanzen einsetzen, um Nährstoffe zu binden, befallene Blätter entfernen und Dekorationsgegenstände heiß abwaschen.

Der Marmorierte Panzerwels mischt sich gern mit anderen Welsen im Schwarm.

Fadenalgen: Diese Algen umspinnen zunächst watteartig die Blattstängel und dann alles andere. Als Gegenmaßnahme sollte man Eisendünger zugeben, Algen fressende Fische und schnell wachsende Pflanzenarten einsetzen, beispielsweise Rüsselbarben und Wasserpest.
Kieselalgen: Diese Organismen bilden schwarzgrüne Punkte auf alten Blättern, besonders auf denen von *Anubias*- und *Echinodorus*-Arten. Entfernen Sie die befallenen Blätter nicht, sondern setzen Sie stattdessen Algen fressende Fische ein, z.B. Antennenwelse oder auch Küssende Guramis.
Pinselalgen: Zur Bekämpfung dieser dunkelgrünen bis schwärzlichen, frei schwimmenden oder auch auf Steinen und Pflanzen sitzenden Algen sollte man die oberste Kiesschicht entfernen und frei schwebende Organismen absaugen. Außerdem kann man Algen fressende Fische einsetzen. Die meisten Barben-Arten und auch Guppys und Mollys fressen sie gern.

Schnecken – verkannte »Heinzelmännchen«?

Nicht jeder mag sie. Dabei sind sie so etwas wie die »Müllmänner« im Aquarium: fleißig, unauffällig und rund um die Uhr tätig – nicht zuletzt auch bei der Bekämpfung der unbeliebten Algen. Außerdem vertilgen sie Futterreste und auch schon einmal einen toten Fisch, den wir nicht gefunden haben. Schnecken gibt es praktisch in jedem Aquarium, selbst wenn man sie nicht absichtlich eingesetzt hat. Besonders häufig werden sie beim Pflanzenkauf eingeschleppt, weil Laich an den Blättern haftet. Solange sie nicht überhand nehmen, sollte man sie gewähren lassen. Und wenn es doch einmal zu viele werden? Schmerlen fressen Schnecken gern. Auf chemische Mittel zur Bekämpfung sollten Sie unbedingt verzichten.

TIPP

Ursachen für übermäßigen Algenwuchs

- Ist der Filter nicht gereinigt und mit geeigneten Filtermassen ausgestattet?
- Stimmt die Beleuchtungszeit und wurden die Leuchtstoffröhren rechtzeitig ausgetauscht? Die Aquarienleuchten sollten 12 bis 14 Stunden brennen und regelmäßig gewechselt werden. Bei wenig Licht wachsen nur noch die Algen gut.
- Steht das Becken vielleicht zu nah am Fenster? Kurzzeitiges Sonnenlicht begünstigt hauptsächlich den Algenwuchs.
- Leben keine Algen fressenden Fische im Aquarium?

Die richtige Ernährung der Fische

Die Ernährung spielt eine große Rolle für die Gesundheit Ihrer Fische. Daher sollten Sie unbedingt spezielle Anforderungen einzelner Arten berücksichtigen, aber auch darauf achten, dass Sie abwechslungsreich füttern und vor allem nicht zu viel.

Futtertabletten lassen sich auch an die Scheiben des Beckens heften.

Lebendfutter

Früher war es Ehrensache für den Aquarianer, seine Fische mit Lebendfutter aus Tümpeln zu ernähren. Das ist heute allerdings kaum noch möglich. Die Futtertiere gibt es zwar nach wie vor, nur stehen die meisten Gewässer in der Zwischenzeit unter Naturschutz. Daher ist es verboten, aus ihnen Pflanzen oder Tiere zu entnehmen. Wer jedoch einen Gartenteich besitzt oder aber einen Blick in seine Regentonne wirft, wird auch dort einige Wasserflöhe oder Mückenlarven entdecken und seine Aquarienfische werden sich darüber freuen. Allerdings besteht bei der Fütterung mit selbst gefangenem Lebendfutter immer auch die Gefahr, unabsichtlich Krankheiten ins Aquarium einzuschleppen. Wenn Sie dieses Risiko nicht eingehen wollen, sollten Sie auf das vielfältige Angebot des Zoofachhandels zurückgreifen. Man kann bestimmte Futtertiere aber auch selbst züchten, etwa Enchyträen. Das sind kleine weiße Würmer, wie man sie unter Gehwegplatten im Garten findet. Es besteht jedoch die Gefahr, dass gerade Anfänger bei der Futtertierzucht Fehler machen und Krankheitskeime ins Aquarium gelangen können. Daher empfehle ich, mit der Zucht zu warten, bis Sie mehr Erfahrungen gesammelt haben.

Flockenfutter

Ob als Flocken, Granulat oder in Form von Futtertabletten –

TIPP

Unterschiedliche Nahrungsaufnahme

- Fische der oberen Wasserregionen besitzen häufig ein oberständiges Maul, mit dem sie die Nahrung gut von der Wasseroberfläche aufnehmen können.
- Fische der mittleren Wasserregionen haben normalerweise ein endständiges Maul. Viele Arten mit einer solchen Maulstellung sind Raubfische.
- Ein unterständiges Maul deutet auf eine bodenständige Lebensweise hin. Typische Fische mit einem unterständigen Maul sind Welse, bei denen außerdem häufig auch noch Barteln vorhanden sind.

Beim nahezu durchsichtigen Indischen Glaswels kann man den Weg der Nahrung fast verfolgen.

das moderne Trockenfutter enthält alle wichtigen Nährstoffe in ausreichender Menge und außerdem genügend Ballaststoffe. Flockenfutter gibt es in unterschiedlicher Größe und Zusammensetzung. Berücksichtigen Sie bei der Auswahl aber unbedingt die speziellen Nahrungsansprüche Ihrer Fische, damit beispielsweise Pflanzenfresser auch tatsächlich Futter mit einem hohen Anteil an pflanzlichen Substanzen erhalten.

Frostfutter

Tiefgefrorenes Futter aus der Tiefkühltruhe ist ein guter Ersatz für Lebendfutter. Im Fachhandel gibt es verschiedene Futtertiere, etwa rote und schwarze Mückenlarven oder Wasserflöhe.
Der Vorteil dieser Art von Zierfischnahrung liegt vor allem darin, dass beim Gefrieren eventuell vorhandene Krankheitskeime mit Sicherheit abgetötet werden. Ähnliches gilt auch für gefriergetrocknete Futtertiere, die in einem speziellen Verfahren eingefroren und anschließend getrocknet wurden.

CHECKLISTE

Goldene Fütterungsregeln

- ✔ Füttern Sie möglichst abwechslungsreich.
- ✔ Füttern Sie nur so viel, wie sofort gefressen wird.
- ✔ Füttern Sie nicht gleich nach dem Einschalten der Beleuchtung.
- ✔ Füttern Sie nie kurz vor oder nach Pflegearbeiten.
- ✔ Überprüfen Sie, ob alle Tiere fressen. Futterverweigerung ist oft ein erstes Anzeichen einer Krankheit.
- ✔ Greifen Sie regelmäßig auf Gefrierfutter zurück.
- ✔ Verwenden Sie einen Futterautomaten, wenn Sie sehr unregelmäßig zu Hause sind.

So bleiben Ihre Fische gesund

Gesunde Fische wie dieser Guppy sind der Stolz eines jeden Aquarianers.

Zierfische, die sich wohl fühlen, bleiben länger gesund, sehen attraktiver aus und werden älter als andere. Daher sollten Sie bereits im Vorfeld alles dafür tun, dass Krankheiten erst gar nicht auftreten. Und wenn doch einmal eine Krankheit eingeschleppt wird? Werden die Anzeichen rechtzeitig erkannt, können Sie in den meisten Fällen noch helfen! Geeignete Medikamente bietet der Zoofachhandel an.

Gesundheitsvorsorge

Damit Ihre Fische sich wohl fühlen und gesund bleiben, sollte das Aquarium an einem Platz stehen, an dem die Fische nicht dauernd gestört werden. Viel Unruhe entsteht beispielsweise durch

- wechselnde Lichtreflexe,
- ständige Erschütterungen,
- durch vorbeigehende Personen,
- häufiges Klopfen an der Scheibe.

Zu einer gesundheitlichen Gefährdung Ihrer Fische kann es aber auch kommen, wenn Arten gemeinsam in einem Becken leben müssen, die nicht zueinander passen, oder wenn zu wenig Verstecke vorhanden sind, in die schwächere Tiere flüchten können. Im Grunde beginnt die Gesundheitsvorsorge für Ihre Zierfische also bereits bei der Planung und Einrichtung des Aquariums.

Quarantänebecken

Trotz aller Vorsicht beim Kauf der Fische kann es dennoch nicht ausgeschlossen werden, dass neue Tiere Krankheitserreger in sich tragen und dann andere anstecken. Um das zu verhindern, können Sie sich ein Quarantänebecken einrichten, in dem Sie die »Neuen« erst einmal vier Wochen genau beobachten. Ein solches Aquarium muss nicht unbedingt sehr groß sein, aber voll eingerichtet und eingefahren.

Fische behandeln

Sollte es doch einmal zu einer Krankheit gekommen sein und wenn Sie diese richtig diagnostizieren können, lassen sich Ihre Fische häufig noch erfolgreich behandeln. Halten Sie sich bei der Medikamentengabe genau an die angegebenen Dosierungen, und verwenden Sie nie Arzneimittel und Wasseraufbereitungsmittel zusammen. Andernfalls besteht die Gefahr, dass die Wirkung der Medikamente deutlich herabgesetzt wäre. Sorgen Sie außerdem für hohen Sauerstoffgehalt und filtern Sie während der gesamten Behandlungsdauer auf keinen Fall über Aktivkohle.

Die häufigsten Fischkrankheiten

Krankheitszeichen	Diagnose und Ursache	Behandlung
Weiße Punkte überall; Fressunlust Schaukeln, Flossenzucken	Weißpünktchenkrankheit	Mit entsprechenden Medikamenten und unterstützenden Maßnahmen.
Fisch wird immer dicker, droht zu »platzen«; Schuppen stehen ab	Bauchwassersucht durch Bakterien, falsches Futter	Schwierig. Wenn möglich, befallene Tiere separat setzen. Stoffwechsel durch Salz (1 g/l) reizen; Sauerstoffgehalt und Temperatur erhöhen, Medikamente geben!
Watteartige, schimmelartige Beläge	Verpilzungen in Folge von Schleimhautschäden	Entsprechende Medikamente. Sauerstoffgehalt erhöhen, 1/3 Wasserwechsel ohne Aufbereitungsmittel, Vitamin zugeben. Nach Behandlung Filter reinigen.
Plötzlicher, grießartiger Pünktchenbefall, von vorne gut sichtbar, Pünktchen mehr gelblich als weiß	Samtkrankheit	Mit entsprechenden Medikamenten und unterstützenden Maßnahmen (→ Seite 50).
Fressunlust, Farbveränderungen, schleimig-weißlicher Kot; Löcher in der Kopfpartie	Lochkrankheit, fast nur bei Barschen	Sauerstoffgehalt erhöhen; Temperatur langsam bis auf 33 °C erhöhen, sofern alle Fische diese Temperatur vertragen. Eventuell Medikamente.
Beschleunigte Atmung; Scheuern am Kopf; ruckartiges Ausstülpen des Maules; farblose, fadenartige Würmer hängen aus den Kiemen	Kiemenwürmer	Sauerstoffgehalt erhöhen; Behandlung mit entsprechenden Medikamenten.
Glotzaugen	Glotzaugen durch schlechte Wasserqualität; Parasiten	Sauerstoffgehalt erhöhen; Filter reinigen; alle 3 Tage 1/3 Wasserwechsel bis Wasserwerte normal; Aufbereitungsmittel zugeben, 2 bis 3 Tage nicht füttern.
Flossen fransen aus und sterben ab, Farben verblassen	Flossenfäule	Sauerstoffgehalt erhöhen, 1/3 Wasserwechsel; Filter reinigen. Entsprechende Medikamente.
Farbverblassen, gürtelartig von der Körpermitte her	Neonkrankheit	Sehr schwierig, mit Medikamenten. Zur Unterstützung Vitamine.

Fragen zur Gesundheitsvorsorge und Ernährung

? Was kann ich tun, wenn in meinem Aquarium nicht genug Sauerstoff vorhanden ist?

Bei zeitweiligem Überbesatz durch Jungfische, bei starker Fäulnis im Bodengrund oder an sehr heißen Tagen kann es zu einem Sauerstoffmangel im Aquarium kommen. Die Fische halten sich dann überwiegend an der Wasseroberfläche auf und atmen heftig. Die schnellste Abhilfe schafft ein Oxidator. Darin steuert ein Katalysator den Zerfall von Wasserstoffperoxid (H_2O_2) in Wasser (H_2O) und Sauerstoff (O_2), der blasenfrei ins Aquarienwasser übergeht. Aber auch mit einer Membranpumpe und einem Ausströmerstein lässt sich Aquariumwasser mit Sauerstoff anreichern. Allerdings ist diese Methode wesentlich langsamer. Außerdem wird dabei das von den Pflanzen so dringend benötigte Kohlendioxid ausgetrieben.

? Was ist Zeolith und wie wird es verwendet?

Zeolith ist ein im Tagebau gewonnenes Mineral, das sich als grobes Filtersubstrat eignet. Durch seine grobe Struktur und die zahlreichen mikroskopisch kleinen Hohlräume steht bei der Verwendung dieses Materials eine sehr viel größere Fläche im Filter zur Verfügung, auf der sich dann auch mehr nützliche Bakterien ansiedeln können. Aber auch verschiedene im Wasser gelöste Substanzen werden durch Zeolith zurückgehalten und dem Wasser so entzogen, darunter Stoffe, die das Algenwachstum fördern. Bei mittlerem Fischbesatz muss Zeolith nach ungefähr drei Monaten erneuert werden; danach kann man es noch als Blumendünger verwenden oder aber mit einer 5-prozentigen Lösung aus jodfreiem Kochsalz ungefähr 24 Stunden lang regenerieren. Anschließend wäscht man es gut aus und füllt es wieder in den Filter. Bei stark belasteten Aquarien sollten Sie Zeolith aber nur im Wechsel mit neuem Material verwenden.

Prachtschmerlen sind etwas anfällig gegenüber der Weißpünktchenkrankheit.

Welches Lebendfutter aus dem Gartenteich ist für meine Fische geeignet?

In Gartenteichen und Regentonnen findet man oft Mückenlarven, die von vielen Fischen gern gefressen werden. Dazu gehören die Larven der Büschelmücken (Weiße Mückenlarven), die an den weißen Zysten im Körper zu erkennen sind, die rot gefärbten Larven der Zuckmücke (Rote Mückenlarven) und die schwarzen Larven der Stechmücke (Schwarze Mückenlarven). Generell gilt: Alles was sich ruckartig vorwärts bewegt und die richtige Größe hat, kann bedenkenlos als zusätzlicher Happen im Aquarium verfüttert werden. Was sich jedoch schlängelt wie die Egel oder taumelnd schwimmt wie die Wassermilben ist ungeeignet.

Was soll ich tun, wenn ich Anzeichen einer Erkrankung in meinem Aquarium erkenne?

Greifen Sie nicht wahllos zu irgendeinem Medikament, sondern lassen Sie sich von Ihrem Zoofachhändler beraten. Eine so genannte »Breitbandbehandlung« mit einem Mittel, das für alles gut sein soll, nützt zumeist wenig. Viel bessere Heilungschancen hat man mit einem genau auf das Krankheitsbild abgestimmten Medikament. Halten Sie sich bei der Behandlung genau an die auf der Packung oder dem Beipackzettel angegebenen Dosierungen und verwenden Sie niemals gleichzeitig Wasseraufbereitungsmittel, weil diese die Wirkung der Arzneien oft weitgehend neutralisieren. Behandeln Sie immer das gesamte Aquarium. Wenn Sie die erkrankten Fische erst jetzt herausfangen und in ein Quarantänebecken setzen, nützt das nichts mehr.

Muss das Aquariumwasser nach einer Medikamentenbehandlung über Aktivkohle gefiltert werden?

Eine solche Maßnahme ist zu empfehlen, um nicht mehr benötigte Arzneirückstände zu entfernen. Geben Sie handelsübliche Kohle trocken in einen Filterbeutel und decken Sie diesen unbedingt mit Filterwatte ab, damit der Kohlestaub festgehalten wird. Die Wirkung der Kohle ist nach etwa einer Woche erschöpft. Danach muss sie herausgenommen werden.

MEINE TIPPS FÜR SIE

Peter Stadelmann

Wasserschäden und andere Probleme

- Um Wasserschäden zu vermeiden, müssen Membranpumpen für Ausströmersteine nicht nur oberhalb des Wasserspiegels angebracht werden, sondern sie sollten außerdem mit einem Rückschlagventil abgesichert sein.
- Vergewissern Sie sich, dass Ihre Versicherung auch durch Aquarien verursachte Schäden anerkennt.
- Achten Sie darauf, dass die Stellfläche für das Becken eben und frei von Fremdkörpern ist. Benutzen Sie außerdem ein Stück Styropor oder eine handelsübliche Matte als Unterlage.
- Wechseln Sie alle Wasserschläuche regelmäßig aus, damit es nicht zu Wasserschäden durch poröse Schläuche kommt.
- Mischen Sie die Wasserstoffperoxidlösung für Ihren Oxidator nicht selbst. H_2O_2 ist stark ätzend und kann gefährliche Augenverletzungen verursachen.

Gestaltungs-Programm

Das Einsteigeraquarium

Da kleine Aquarien normalerweise schwieriger zu pflegen sind als Becken mit einem größeren Wasservolumen, sollten auch Einsteiger beim Kauf ihres ersten Aquariums eine gewisse Beckengröße nicht unterschreiten.

Das Becken

Geeignete Modelle sind Aquarien mit den Maßen 60 x 30 x 30 cm (54 Liter) oder 80 x 40 x 40 cm (knapp 130 Liter), wobei erstgenannte Becken im Handel häufig als »Einsteiger-Sets« zu einem recht günstigen Preis angeboten werden. Solche Sets enthalten neben dem eigentlichen Aquarium und der dazu passenden Abdeckung mit Beleuchtung auch noch einen Filter und Heizstab in der richtigen Größe. Achten Sie beim Kauf auf Markenartikel.

Von den lebhaften Schwertträgern gibt es heute zahlreiche Zuchtformen in den unterschiedlichsten Farben.

Die Fische

Lebendgebärende Zahnkarpfen: Die hier vorgestellten Einsteigerbecken eignen sich gut zur Haltung lebendgebärender Zahnkarpfen. Sie werden nicht allzu groß und sind leicht zu pflegen. Sie pflanzen sich leicht fort und beeindrucken durch ihre Farbenvielfalt, sodass interessante Einblicke in das »Familienleben« dieser Fische möglich werden. Die meisten lebendgebärenden Zahnkarpfen bevorzugen mittelhartes bis hartes, neutrales bis leicht alkalisches Wasser. Verwenden Sie immer handelsübliche Wasseraufbereitungsmittel.

Für ein 60-cm-Becken empfehle ich als Grundbesatz:

- 1 Antennenwels und 3 Rüsselbarben gegen Algen.

Dazu alternativ:

- 4–5 Guppys oder
- 4–5 Platys oder
- 3–4 Schwertträger.

Salmler und Barben: Sie lassen sich auch in kleineren Aquarien zusammen halten. Ich habe folgende Kombinationen erfolgreich getestet:

Roter Neon, Schlusslichtsalmler, Rotkopfsalmler, Zwergziersalmler, Sternflecksalmler.
Eine ideale Ergänzung dazu sind folgende Arten: Keilfleckbärbling, Bitterlingsbarbe, Schachbrettschmerle, Schmetterlingsbuntbarsch, Zebrabärbling, Panda- oder andere Panzerwelse.

Geeignete Pflanzen

Für ein Becken mit lebend gebärenden Zahnkarpfen eignen sich:

➤ Zwergspeerblatt *(Anubias barteri* var. *nana)*,

➤ Krause Wasserähre *(Aponogeton crispus)*,

➤ Kleines Fettblatt *(Bacopa monnieri)*,

➤ Wendts Wasserkelch *(Cryptocoryne wendtii)*,

➤ Großer Wasserfreund *(Hygrophila corymbosa)*,

➤ Indischer Wasserstern *(Hygrophila difformis)*

➤ Gewöhnliche Wasserschraube *(Vallisneria spiralis)*.

Wenn Sie Salmler oder Barben bzw. Bärblinge halten möchten, können Sie das Becken auch mit Arten ausstatten, die leicht saures Wasser bevorzugen, z.B. mit den beliebten Schwertpflanzen *(Echinodorus)*.

Geräte installieren

1

Reinigen Sie das Aquarium mit lauwarmem Wasser (ohne Putzmittel). Installieren Sie Filter, Heizer und alle anderen Geräte. Richten Sie das Becken an Ort und Stelle ein.

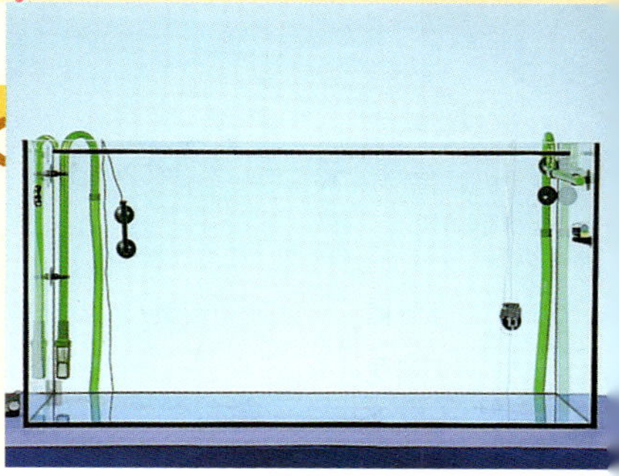

Bodengrund einfüllen

2

Bringen Sie die Fotorückwand hinten außen am Becken an. Füllen Sie den gut gewaschenen Kies etwa 6–8 cm hoch in das Becken. Rötliche Arten kommen über einem dunklen Bodengrund übrigens besonders gut zur Geltung.

Pflanzen einsetzen

3

Füllen Sie das Becken nun zu einem Drittel mit Wasser und setzen die Dekoration ein. Anschließend wird es bepflanzt, wobei mehrere Exemplare gleicher Arten zusammengesetzt werden. Dann bis kurz unter den Rand mit Wasser auffüllen.

Becken einfahren

4

Impfen Sie das gefüllte Aquarium nun mit Filterbakterien an und nehmen Sie die Technik in Betrieb.Nach drei Tagen sollte das Wasser glasklar sein. Wenn nicht, warten Sie einfach noch etwas ab, bevor Sie die ersten Fische einsetzen.

Das 100-cm-Becken als Biotop-Aquarium

Wer seine Fische unter möglichst naturnahen Bedingungen halten möchte, sollte sich ein Biotopbecken einrichten und darin Pflanzen und Fische pflegen, die sich auch in der Natur einen gemeinsamen Lebensraum teilen. Im hier vorgestellten Becken wurde versucht, ein Biotop aus dem asiatischen Raum nachzubilden, mit Pflanzen- und Fischarten, wie man sie beispielsweise in Thailand oder Malaysia findet.

Zur Laichzeit zeigen die Zwergfadenfische ihre schönsten Farben.

Standort und Einrichtung

Richten Sie Ihr – je nach Höhe und Tiefe – zwischen 150 und 250 Liter fassendes Aquarium gleich am vorgesehenen Standort ein, denn Sie können es später nicht mehr verrücken. Achten Sie darauf, dass keine noch so kleinen Kiesstücke zwischen Glas und Stellfläche gelangen, denn bereits ein Körnchen genügt, um das Becken zu beschädigen. Benutzen Sie bei Ganzglasaquarien ein Stück Styropor oder eine handelsübliche Matte als Unterlage, nicht zuletzt, weil die Hausratsversicherung dies verlangt.
Das Wasser sollte leicht sauer sein (pH-Wert um 6,5) und eine Temperatur von ungefähr 25 °C aufweisen.

Geeignete Pflanzen

Bei einem Becken dieser Größe sollten Sie unterschiedlich hohe Pflanzen für den Vorder- und Hintergrund erwerben. Für die Nachbildung eines asiatischen Gewässers können Sie folgende Arten verwenden:

TIPP

Richtiges Bepflanzen

- Lassen Sie die Bepflanzung nie nach »Baumschule« aussehen, sondern fassen Sie stets mehrere Exemplare einer Art zu Gruppen zusammen.
- Sorgen Sie für Abwechslung, indem Sie Gruppen aus breit- und schmalblättrigen Arten mischen.
- Verwenden Sie besonders attraktive Exemplare als Solitärpflanze, damit Ihr Becken einen auffälligen Blickfang bekommt.
- Wählen Sie beim Kauf Pflanzen für den Vorder-, Mittel- und Hintergrund aus.

Die hübschen, lebhaften Sumatrabarben zupfen manchmal an den Flossen anderer Fische, sodass man sie nicht zusammen mit langflossigen Kampffischen halten sollte.

Arten für den Vordergrund:
- Becketts Wasserkelch (*Cryptocoryne beckettii*),
- Wendtscher Wasserkelch (*Cryptocoryne wendtii*).

Arten für den Mittel- und Hintergrund:
- Thailand-Hakenlilie (*Crinum thaianum*),
- Kleine Rotala (*Rotala rotundifolia*),
- Kirschblatt (*Hygrophila corymbosa*),
- Indischer Wasserstern (*Hygrophila difformis*),
- Breitblättriges Pfeilkraut (*Sagittaria platyphylla*).

Die Fische

Wer sich den Eindruck eines natürlich wirkenden Lebensraumes erhalten möchte, sollte sein Biotopbecken nicht zu dicht mit Fischen besetzen. Geeignete Arten für ein asiatisch aussehendes Gewässer sind:
- 1 Pärchen Siamesische Kampffische (*Betta splendens*) oder 1 Pärchen Blaue Fadenfische (*Trichogaster trichopterus*),
- 6–8 Indische Glaswelse (*Kryptopterus minor*),
- 4–6 Gefleckte Dornaugen (*Pangio kuhlii*),
- 20–30 Keilfleckbärblinge (*Trigonostigma hengeli*) oder 15–20 Schillerbärblinge (*Brachydanio albolineatus*),
- 1 Siamesische Saugschmerle (*Gyrinocheilus aymonieri*).

Für die Indischen Glaswelse, die stets im Schwarm gehalten werden sollten, muss ausreichend freier Schwimmraum vorhanden sein. Denken Sie außerdem daran, dass Labyrinthfische die Möglichkeit haben müssen, Luft zu atmen .

Große Aquarien als Raumteiler

Dank ihres Fassungsvermögens von 200 bis 300 Litern lassen sich in Becken mit 100 bis 130 cm Länge auch geeignete Lebensräume für größere Fische schaffen. Außerdem kann man solche Aquarien sehr gut als Raumteiler verwenden, beispielsweise um den Ess- vom Wohnbereich zu trennen.

Der friedliche Sternflecksalmler eignet sich gut für ein Gesellschaftsbecken.

Planung und Einrichtung

Als Raumteiler sollte das Aquarium mit einer Schmalseite in Wandnähe stehen. Überlegen Sie sich, ob das Becken von beiden Seiten einsehbar sein soll; in jedem Fall müssen Sie sich aber für eine »Lieblingsseite« entscheiden und den Hauptbetrachtungswinkel festlegen.

Bodengrund und Dekoration: Bei Becken dieser Größe kann es empfehlenswert sein, den Bodengrund zur Auflockerung terrassenförmig zu gestalten. Bilden Sie solche Terrassen aus flachen Granit-, Porphyr- oder Schiefersteinen und fixieren Sie diese mit Silikon auf der Bodenscheibe. Achten Sie darauf, dass das Wasser unter den Steinen noch zirkulieren kann. Lassen Sie das Silikon ungefähr 24 Stunden abbinden und füllen Sie erst dann den Kies ein.

Bepflanzung des Beckens: Für die Bepflanzung eines Beckens von 200–300 Litern eignen sich folgende Arten in der genannten Menge: 2 Bund Großes Papageienblatt (*Alternanthera lilacina*), 2 Bund Großes Fettblatt (*Bacopa caroliniana*), 3 Exemplare Langblättrige Barclaya (*Barclaya longifolia*), 5 Exemplare Genoppter Wasserkelch (*Cryptocoryne balansae*), 3 Exemplare Hammerschlag-Wasserkelch (*Crypto – coryne usteriana*), 1 Bund Wasserportulak (*Didiplis diandra*), 2 Exemplare Herzblättrige Amazonaspflanze (*Echinodorus cordifolius*), 2 Exemplare Schwarze Amazonaspflanze (*Echinodorus parviflorus*), 4 Exemplare Indischer Wasserstern (*Hygrophila difformis*), 10 Exemplare Kardinalslobelie (*Lobelia cardinalis*), 1 Bund Javafarn (*Microsorum pteropus*), 1 Bund Javamoos (*Vesicularia dubyana*), 20 Schraubenvallisnerien (*Vallisneria asiatica* var. *biwaensis*), 5 Riesenvallisnerien (*Vallisneria gigantea*).

Vorschläge für den Fischbesatz

Folgende Fische lassen sich gut in einem Becken der

Berücksichtigen Sie bei der Einrichtung des Beckens unbedingt die spätere Größe der Pflanzen.

genannten Größe halten. In der Auflistung sind die Arten nach ihrer Herkunft getrennt aufgeführt. Da sie die gleichen Ansprüche an die Wasserqualität haben (weiches, leicht saures Wasser), kann man sie aber auch miteinander vergesellschaften.

➤ 10 Panda-Panzerwelse (*Corydoras panda*) oder 10 Zwergschilderwelse (*Otocinclus affinis*),
➤ 3 Blaue Antennenwelse (*Ancistrus dolichopterus*),
➤ 30 Rote Neon (*Hyphessobrycon axelrodi*),
➤ 5 Skalare (*Pterophyllum scalare*) oder
➤ 5 Diskusbuntbarsche (*Symphysodon aequifasciatus*).

Alternativ dazu:

➤ 30 Keilfleckbarben (*Trigonostigma heteromorpha*),
➤ 10 Prachtbarben (*Barbus conchonius*) oder 10 Purpurkopfbarben (*Barbus nigrofasciatus*) oder 10 Rubinbarben (*Barbus ticto*),
➤ 5 Messingbarben (*Barbus semifasciolatus*),
➤ 5 Prachtschmerlen (*Botia macracanthus*),
➤ 1 Feuerschwanz (*Epalceorhynchus bicolor*),
➤ 7 Rüsselbarben (*Crossocheilus siamensis*).

CHECKLISTE

Erforderliches Zubehör

✔ Aquarium mit Abdeckung und Unterschrank
✔ Styropor oder Matte als Unterlage für das Becken
✔ 50 bis 75 kg Kies (Körnung 3 bis 5 mm)
✔ Filter mit Filtermaterial und Zubehör
✔ Regelheizer und Thermometer
✔ Moorkienholzwurzel, kalkfreies Gestein
✔ Pflanzen und Fische
✔ Netz, Algenmagnet, Schaltuhr, eventuell Futterautomat
✔ Wasseraufbereitungsmittel und Eisendünger

Fragen rund um die Einrichtung

Wie funktioniert eigentlich ein Unterbodenfilter?

Unterbodenfilter bestehen aus einer siebartig durchlöcherten Platte mit einem zur Wasseroberfläche führenden Steigrohr und einer Pumpe. Als Filtermaterial dient der Kies des Bodengrundes, durch den – je nach Modell – das Beckenwasser gesaugt oder aber gedrückt wird. Dabei werden Abfallprodukte im Boden zurückgehalten und von dort lebenden Bakterien abgebaut. Empfehlenswert ist es, eine mindestens 5 cm dicke Kiesschicht (Korngröße 3–5 mm) auf die Bodenplatte aufzubringen und den Durchfluss so zu regulieren, dass das Wasser nicht zu schnell durch den Kies fließt. Für größere Becken sind Bodenfilter allein zumeist nicht ausreichend, sodass man sie nur in Kombination mit einem zusätzlichen Innen- oder Außenfilter betreiben sollte.

Ich habe in einem Schauaquarium auf Wurzeln gebundene Pflanzen gesehen, was sehr hübsch aussah. Welche Arten eignen sich für diese Technik und was muss ich beim Aufbinden beachten?

Zu den Arten, die sich gut auf eine Moorkienholzwurzel oder einen Stein aufbinden lassen, gehören das Zwergspeerblatt (*Anubias barteri* var. *nana*), Heudelots Flussfarn (*Bolbitis heudelotii*), Javafarn (*Microsorum pteropus*) und Javamoos (*Vesicularia dubyana*). Binden Sie die Pflanzen mit einer dünnen Kunststoffschnur auf ihrer Unterlage fest, aber achten Sie darauf, dass die Schnur die Stängel nicht beschädigt. Mit aufgebundenen Pflanzen lässt sich in einem Aquarium schnell Höhe gewinnen, z.B. wenn eine Lücke im Hintergrund geschlossen werden soll.

Ich möchte mein Becken mit Steinaufbauten dekorieren. Allerdings habe ich Bedenken, ob ich dabei nicht eventuell mein Aquarium und meine Fische in Gefahr bringe.

Für höhere Aufbauten sollten Sie flache Steine auswählen, die sich gut stapeln lassen.

Der Purpurprachtbarsch trägt seinen Namen zu Recht.

Testen Sie die geplante Konstruktion zunächst einmal außerhalb des Beckens. Probieren Sie so lange herum, bis alle Steine fest liegen. Anschließend können Sie den Aufbau dann in gleicher Weise im Aquarium errichten. Seien Sie beim Einbringen der Steine sehr vorsichtig, damit Sie die Glaswände nicht beschädigen. Fixieren Sie die einzelnen Steine an den Punkten, an denen sie fest aufliegen, mit Silikon, das anschließend 24 Stunden lang abbinden muss. Errichten Sie den Steinstapel möglichst direkt auf dem Boden des Beckens und nicht auf dem Kies, damit er durch wühlende Fische nicht zum Umkippen gebracht werden kann.

? Das Wasser meines Beckens hat sich plötzlich sehr stark braun verfärbt. Was ist der Grund dafür und besteht eine Gefahr für meine Fische?
Für die bräunliche Verfärbung ist vermutlich eine Moorkienholzwurzel verantwortlich, die noch sehr viel Huminsäure enthielt. Wenn Sie Fische pflegen, die einen leicht sauren pH-Wert bevorzugen, hat die Verfärbung keinen schädlichen Einfluss und sie wird später aufgrund der regelmäßigen Wasserwechsel auch fast völlig verschwinden. Bei Arten, die leicht basisches Wasser benötigen, sollten Sie die Wurzel allerdings aus dem Becken entfernen.

? Welche Pflanzen eignen sich als Blickfang für ein größeres Aquarium?
Hübsche Solitärpflanzen sind die Große Schwertpflanze (*Echinodorus bleheri*), der Tigerlotus (*Nymphaea lotus*) oder die Gitterpflanze (*Aponogeton madagascariensis*). Letztere sollte man möglichst als gerade austreibende Knollen erwerben. Weiter ist zu beachten, dass die meisten *Aponogeton*-Arten eine Ruhezeit durchmachen, in der sie alle Blätter einziehen und daher aus dem Aquarium genommen werden sollten. Die Ruhephase können Sie auf etwa drei Wochen verkürzen, wenn Sie die Knollen feucht ins Gemüsefach des Kühlschranks legen. Setzen Sie eine Solitärpflanze niemals direkt in die Mitte eines Beckens, sondern immer leicht seitlich versetzt, damit Sie einen optimalen optischen Eindruck erzielen.

MEINE TIPPS FÜR SIE

Peter Stadelmann

Aquarium-Einrichtung

- Richten Sie Ihr Aquarium immer direkt an Ort und Stelle ein – Sie können es später normalerweise nicht mehr bewegen.
- Wenn Sie Ihren Kies nicht im Zoofachhandel erwerben, sollten Sie unbdingt darauf achten, dass er keine scharfkantigen Steinchen enthält. Besonders Welse verletzen sich daran leicht die empfindlichen Barteln.
- Achten Sie beim Kauf von Einsteiger-Sets, also Aquarien mit Beleuchtung, Filter, Heizer, bezüglich der Geräte auf gute Qualität.
- Besetzen Sie große Aquarien nicht mit einer Vielzahl kleiner Fische, sondern mit einem stattlichen Schwarm und zwei bis drei Gruppen größerer Fische.
- Berücksichtigen Sie beim Kauf des Filters nicht nur die vom Hersteller normalerweise auf der Packung angegebene Pumpleistung, sondern auch die Größe des Filtertopfes (0,5 % des Beckeninhalts).

Halbfett gesetzte Seitenzahlen verweisen auf Abbildungen, **U** = Umschlag.

Adressen

Verbände/Vereine

➤ Verband Deutscher Vereine für Aquarien- und Terrarienkunde e. V. (VDA), Geschäftsstelle: Hans und Ingrid Stiller, Luxemburger Str. 16, 44789 Bochum, www.vda-online.de
Der VDA gibt Auskunft über aktuelle Adressen von Aquarienverbänden in Ihrer nächsten Umgebung, hilft weiter bei Vermittlung von Kontakten (z.B. Hilfe bei Fischkrankheiten, Beschaffung von seltenen Fischen).

AN UNSERE LESER

- Die in diesem Buch beschriebenen elektrischen Geräte für die Aquarienpflege müssen mit dem gültigen TÜV-Zeichen versehen sein.
- Beachten Sie die Gefahren im Umgang mit elektrischen Geräten und Leitungen, besonders in Verbindung mit Wasser.
- Die Anschaffung eines elektronischen Fehlstrom-Überwachungsgerätes oder Fehlstrom-Schutzschalters ist empfehlenswert.

➤ Bundesverband für fachgerechten Natur- und Artenschutz e.V. (BNA), Postfach 1110, 76707 Hambrücken, www. bna-ev.de
Dachverband der Vereine und Verbände privater Tierhalter. Vertritt deren Interessen vor allem bei Belangen der Artenschutzgesetzgebung.

➤ Österreichischer Verband für Vivaristik und Ökologie, Landesverband Niederösterreich, Franz Scherleitner, Raiffeisengasse 19, A-7201 Neudörfl

➤ Institut für Zoologie, Fischereibiologie und Fischkrankheiten der Tierärztlichen Fakultät LMU München, Kaulbachstr. 37, 80539 München, www.vetmed.uni-muenchen.de/zoofisch

Aquaristik im Internet

Hier finden Sie viele Tipps und Informationen rund um Aquaristik, für Anfänger und Profis gleichermaßen:

➤ www.aquaristik-forum.de

➤ www.aquarium-online.net

Das Bundesamt für Naturschutz erteilt Auskünfte und Infos speziell zu aktuellen Arten- und Naturschutzfragen:

➤ www.bfn.de

Fragen zur Aquaristik beantworten

Ihr Zoofachhändler und der Zentralverband Zoologischer Fachbetriebe Deutschlands e.V., Rheinstr. 35, 63225 Langen, Tel. 0 61 03/91 07 32 (nur telefonische Auskunft möglich), www.zzf.de

Sachversicherungen

➤ Deutscher Ring, Ludwig-Erhard-Str. 22, 20459 Hamburg, www.deutscherring.de

➤ Z.O.F. GmbH, Am Hang 34, 31008 Elze, www.zof-finanz.de

Bücher

➤ Amlacher, E.: Taschenbuch der Fischkrankheiten. Gustav Fischer Verlag, Jena

➤ Schliewen, U.: Aquarienfische von A bis Z. Gräfe und Unzer Verlag, München

Zeitschriften

➤ DATZ Aquarien- und Terrarien- Zeitschrift, Ulmer Verlag, Stuttgart

➤ Das Aquarium. Birgit Schmettkamp Verlag, Bornheim

➤ Aquaristik Fachmagazin und Aquarium heute. Tetra Verlag, Bissendorf-Wulften

Der Autor

Peter Stadelmann ist erfolgreicher Autor in den Spezialgebieten Aquaristik und Gartenteich und als Zoofachhändler Ausbilder und Prüfer bei der Industrie- und Handelskammer in Nürnberg.

Die Fotografen

Bork: S. 13 o.li., u.li., 44, U4 re.; Hartl: S. 29 o.re.; Hecker: S. U1, U2/1, 42, 48/49, 55; Kahl: S. 3, 6, 9, 12 li., re., 13 o.re., 16, 17, 18, 19 li., mi., re., 20, 22/23, 24, 25 li., 27 o., mi.o., mi.u., 28 li., re., 30, 32/33, 34, 36, 40, 41, 43, 46, 50, 54, 56, 64, U4 li.; Linke: S. 14, 29 mi.re.; Nieuwenhuizen: S. 38; Peither: S. 2, 4/5, 10, 13 u.mi., 15, 26, 35, 39, 51 (alle). 53, U4 mi.; Werner: S. 8, 13 u.re., 25 re., 27 u., 29 o.li., 52; Zurlo: S. 29 u.

Impressum

Redaktion: Sibylle Kolb
Lektorat: Dr. Hans W. Kothe
Layout: independent Medien-Design, München
Satz: Uhl + Massopust, Aalen
Produktion: Ute Hausleiter
Repro: Fotolito Longo, Bozen
Druck und Bindung: Kaufmann, Lahr
Printed in Germany
ISBN 3-7742-3907-X

Auflage	6.	5.	4.	3.
Jahr	2006	05	04	03

GRÄFE UND UNZER

Ein Unternehmen der
GANSKE VERLAGSGRUPPE

> GU-Experten-Service

Haben Sie Fragen zu Haltung und Pflege? Dann schreiben Sie uns (bitte Adresse angeben). Unser Experte Peter Stadelmann hilft Ihnen gern weiter. Unsere Adresse finden Sie rechts.

Das Original mit Garantie

Ihre Meinung ist uns wichtig. Deshalb möchten wir Ihre Kritik, gerne aber auch Ihr Lob erfahren. Um als führender Ratgeberverlag für Sie noch besser zu werden. Darum: Schreiben Sie uns! Wir freuen uns auf Ihre Post und wünschen Ihnen viel Spaß mit Ihrem GU-Ratgeber.

Unsere Garantie: Sollte ein GU-Ratgeber einmal einen Fehler enthalten, schicken Sie uns das Buch mit einem kleinen Hinweis und der Quittung innerhalb von sechs Monaten nach dem Kauf zurück. Wir tauschen Ihnen den GU-Ratgeber gegen einen anderen zum gleichen oder ähnlichen Thema um.

Ihr Gräfe und Unzer Verlag
Redaktion Heimtier
Stichwort: Tierratgeber
Postfach 86 03 25
81630 München
Fax: 089/41981-113
E-Mail:
leserservice@graefe-und-unzer.de

Meine Aquarienfische

Aquarientyp: ______________________________

So füttere ich meine Fische:

____

____

____

Größe und Literzahl:

____

____

____

Filtertyp und Filtermaterial:

____

____

____

Technische Geräte:

____

____

____

Aquarienfische:

____

____

____

Mein Zoofachhändler:

____

____

____

DER RICHTIGE STANDORT

Stellen Sie Ihr Aquarium an einen ruhigen Platz, aber **nicht zu nah ans Fenster**, weil die einfallende Sonne das Wasser sonst evtl. zu stark erwärmt. Die Küche, ein Zimmer in dem geraucht wird, aber auch ein viel benutzter Durchgang sind eher ungeeignete Standorte für ein Aquarium.

Wohlfühl-Garantie für Aquarienfische

VORSICHT BRUCHGEFAHR!

Wenn Sie Ihr Aquarium nicht gleich mit einem passenden Unterschrank erworben haben, sollten Sie den Stellplatz des Beckens unbedingt auf seine **Tragfähigkeit** hin überprüfen, denn selbst mittelgroße Becken wiegen mit Wasser, Bodengrund und Steindekoration schnell **einige Zentner**.

GEFAHR ERKANNT

Versuchen Sie, **Krankheiten frühzeitig zu erkennen**, um sie mit gezielten Medikamenten und Maßnahmen zu bekämpfen. Überprüfen Sie bei der täglichen Fütterung, ob alle Tiere fressen, denn **Futterverweigerung** ist oft ein erstes Anzeichen einer Erkrankung.

VERSCHIEDENE ANSPRÜCHE

Halten Sie **Schwarmfische** nie einzeln, wei die Tiere sich sonst nicht wohl fühlen. **Revierbildende Arten**, die keine Artgenossen in ihrer unmittelbaren Nähe dulden, brauchen dagegen ausreichend Platz, damit sie sich ein Territorium abgrenzen können.